國家社會科學基金重大項目（21&ZD271）
全國高等院校古籍整理研究工作委員會科研項目
「十四五」國家重點圖書出版規劃項目
2021—2035 年國家古籍工作規劃重點出版項目
國家出版基金資助項目

本書獲
南開大學文科發展基金首批重點項目
内蒙古大學内蒙古元代文學與文化研究基地
資金支持

国家出版基金项目
NATIONAL PUBLICATION FOUNDATION

查洪德 主编

全遼金元筆記

徐娴 編校

第一輯 二

中原出版傳媒集團
中原傳媒股份公司
大象出版社
·鄭州·

圖書在版編目(CIP)數據

全遼金元筆記. 第一輯. 二 / 查洪德主編; 徐姗編校.— 鄭州 : 大象出版社, 2022. 12

ISBN 978-7-5711-1658-3

Ⅰ. ①全… Ⅱ. ①查… ②徐… Ⅲ. ①筆記-中國-遼金時代②筆記-中國-元代 Ⅳ. ①K240. 66

中國版本圖書館 CIP 數據核字(2022)第235132號

全遼金元筆記　第一輯　二

出版人　汪林中
項目策劃　張前進
項目統籌　李光潔　吴韶明
責任編輯　吴韶明
責任校對　牛志遠　任瑾璐　趙　芝
整體設計　王晶晶　杜曉燕
責任印製　郭　鋒
出版發行　大象出版社
鄭州市鄭東新區祥盛街27號　郵編450016
製　　版　河南新華印刷集團有限公司
印　　刷　北京匯林印務有限公司
版　　次　2022年12月第1版　2022年12月第1次印刷
開　　本　640 mm×960 mm　1/16　21.75印張
字　　數　279千字
定　　價　88.00元

目録

增廣分門類林雜説

王朋壽撰

增廣分門類林雜説

⊙王朋壽撰

點校説明

《增廣分門類林雜説》，簡稱《類林雜説》，十五卷，金王朋壽撰。王朋壽，字魯老，山西平陽人。生卒年不詳，金大定己酉（一一八九）前後在世。

書名《增廣分門類林雜説》，所謂「增廣」，乃就前人《類林》一書而增廣。撰者自序言：《類林》其書，「其來尚矣，惜乎次第失序，門類不備。予因暇日，輒爲增廣，第其次叙，將舊篇章之中，添入事實者加倍；又復增益至一百門，逐篇裨之以贊，爲十五卷。較之舊書，多至三倍」。

按《類林》見於《新唐書·藝文志》，著録「于立政《類林》十卷」。于立政（六二七—六七九），字匡時，生平事迹不詳。其書久已失傳。王應麟《玉海》卷五五據《中興書目》著録「唐于立政《類林》十卷，分五十目，記古人事迹」。近人於敦煌石室中發現有唐寫本殘卷。又《類林》曾譯爲西夏文，今人史金波、黄振華、聶鴻音著《類林研究》（寧夏人民出版社一九九三年版），其中有據西夏文回譯本。此本原十卷五十篇，今存三十六篇，所缺十四篇，王朋壽《類林雜説》存有部分。有關《類林》其書，《類林研究》述之甚詳。《類林雜説》前人著録歸類書，却以「雜説」命名，内容龐雜，編排多有失序，一事重出甚或三見多見，重出文字又或不同，以及分類不當之失，不可枚舉。雖有類書形式，而無類書之謹嚴，確爲一部「雜説」，故可視爲筆記。

書共十五卷，一百門，始自《孝行》，終於《禽獸蟲魚》，每篇末有贊。王朋壽自序言其書較唐人舊著「多至三倍」，而清人張蓉鏡跋則言「蓋實多至三分之一耳」。張蓉鏡或未詳核，今計其篇幅，當爲《類林》原書二至三倍。據自序，是書在金大定間即有刊本。錢曾《讀書敏求記》言「未知其本今有存焉否也」，并言其所見已爲元人鈔本。今有民國九年（一九二〇）《嘉業堂叢書》刻本，一九八二年文物出版社據此本影印。此本有殘缺，所缺條目，屬《類林》原書者，部分可據《類林研究》輯補。另此書明初收入《永樂大典》，今《永樂大典》殘卷中保存有若干條目，也檢出補入。

此書頗具文獻價值，前人言之已詳。《類林》所引之書已多佚，《類林雜説》所引今不存者更多，且有書名不見於著録者。也有其書雖存，而所録内容不見今本，或與今本出入極大，也有條目遍查今存文獻而不見者。前人已舉《眉間尺》事唯此書所記爲詳，今人李劍國據此書輯出有不見於他書之唐傳奇作品。

金大定刊本已不可見。清嘉慶末，張金吾、張蓉鏡各得一明鈔本。蓉鏡以金吾本校勘，「知二本同出一源。想當時必有大定刊本，好古者俱從之影寫耳」。後劉承幹得張蓉鏡所藏，印入《嘉業堂叢書》。今所存明鈔本二，一爲張蓉鏡所得本，一前有吴岫印（據張蓉鏡題識，張金吾所得本係吴方山故物，則此應爲張金吾所得本）。另有愛日精廬鈔本，亦出一源。本次整理以《嘉業堂叢書》本爲底本，參考其所引文獻出處，酌情校勘。校勘之難多端：其一，此書文字，多有與所引原書不同者，如劉承幹跋所言：「所引之文，往往與今書有異。如《列子》之『爰旌目』作『袁精目』，《左傳》之『鉏麑』作『鋤倪』，《戰國》之『任痤』作『任座』，漢之『張綱』作『張剛』」，「凡斯異文，其魯叟輯録時寫官之誤？抑亦所見本有異於今行者邪？」此類可確認爲錯誤者，據以改正，無法確定者，仍其舊貫。其二，其書多非據原書鈔録，而是「姑取其本所出處，芟其繁，節其要而已」（《自序》），故查找出處不易，即使查到出處，文字不同，難以直接校改，只可據文意判斷是否有誤，可判斷爲誤者改，無法判斷者不改。其三，部分條目唯有《類林》可比對，而《類林》今所見爲《類林研究》據西夏文回譯本，難以作爲校勘依據，此類條目，遇有底本確實無法讀通而《類林》語意明白者，於校勘記中標示。其四，本書一些條目出處標注錯誤，此類除因校勘需要於校勘記中提示者，不做修改。其五，底本明顯有誤，但無據可校者，一仍其舊，亦不説明。其六，輯佚内容，無本可校者，不校。本書校勘，整理者已盡力，缺憾尚多，敬祈見諒。

目録

卷第一

孝行篇第一

虞舜

《尚書》：帝曰：「朕在位七十載，耄期倦於勤。有能庸命，遜朕位。」岳曰：「有鰥在下，曰虞舜。」帝曰：「俞！予聞，如何？」岳曰：「瞽子，父頑，母嚚，象傲，烝烝，乂不格姦。」

文王

《禮記》：周文王之爲世子也，朝於王季日三，雞初鳴至於寢門，問内豎之御者曰：「今日安否何如？」内豎曰：「安。」文王乃喜。日中亦如之，暮亦如之。其有不安節，内豎以告，文王色憂，行不能正履。王季復膳，然後亦復初。

仲由

《禮記》：仲由曰：「傷哉貧也！生無以爲養，死無以爲禮。」孔子曰：「啜菽飲水，盡其懽心，是之謂孝行。」

公明儀

《禮記》曰：公明儀問於曾子曰：「夫子可以爲孝乎？」曾子曰：「是何言歟！君子之所謂孝者，先意承志，諭父母於道。參，直養也，安能爲孝乎！」

董黯

字孝治，會稽豫章人也。少亡其父，獨養母，孝敬甚篤。每得甘果美味，輒即奔獻於母，母常肥悦。比舍有王寄者，其家大富。寄爲人不孝，每爲非法惡事。母懷憂愁，身體羸瘦。寄母謂黯母曰：「夫人家貧年高，有何供養，而常肥悦？」黯母曰：「我子孝順，不爲非法，身不憂愁，故肥悦耳。」遂問寄母曰：「夫人大富，美味充饒，何爲羸瘦如此？」寄母曰：「我子不孝，出入往來，常使我愁，是以瘦耳。」寄聞之，候黯不在，遂入黯室内，捉黯母，拽於牀下，手摑脚蹋，苦辱而去。黯歸，見母在牀，顔色不悦，跪問，曰：「老人不能自慎，多言。」黯知之，恐母憂，嘿而不言。及母亡，葬送已訖，乃斬寄頭祭母墓。乃自縛詣官，會赦得免。後漢時人也。

晉申生

獻公先娶齊女爲后，生太子申生。齊女卒，乃立孋姬爲后，生子奚齊及卓子，孋姬欲立奚齊爲太子，讒申生於公曰：「妾昨夜夢申生之母從妾乞食。」公信之，即令申生往其母墓祭之。申生祭還，孋姬潛以毒藥安肉中。申生欲上公祭肉，姬謂公曰：「蓋聞食從外來，可令人嘗試之。」公以肉與犬，犬死；與婢，婢死。姬曰：「爲人之子者，乃如此乎！公以垂老之年，不得終天之年，而欲毒藥殺而早圖其位，此時非但殺公，亦當及于諸子。請將二子自殞於狐狢之地，無爲被太子見其魚肉也。」公大怒，賜申生死。大夫李克謂申生曰：「何不自治？」申生曰：「吾父老矣，臥不得姬則不安，食不得姬則不飽。吾若自治，公則殺姬。爲人之子者，殺父所安，非孝也。」遂自縊而死。出《孝子傳》。

眉間尺

謂眉間闊一尺也。楚人干將、莫邪之子也。楚王夫人嘗於夏取涼而抱鐵柱，心有所感，遂懷孕，後産一鐵。楚王命莫邪鑄此鐵爲雙劍，三年乃成。劍一雌一雄，莫邪乃留雄，而以雌進楚王。劍在匣中，常有悲鳴。王問群臣，對曰：「劍有雌雄，鳴者，雌憶其雄也。」王大怒，即收莫邪殺之。莫邪知其應，乃以雄劍藏屋柱中，柱下有石礎。因囑妻曰：「卿懷孕，若生男，可語之曰：『日出北户，南山之松。松生於石，劍在其中。』」妻後生男，眉間廣一尺。年十五，問母父在時事。母因述前事，乃思惟，剖柱得劍，日夜欲報殺楚王。王嘗聞有一人眉廣一尺，欲來殺王，王乃購募覓其人，乃宣言：「能得眉間尺者，賜金千斤，分國共治。」眉間尺聞，乃便起入山。路逢一客，客問曰：「汝是孝子眉間尺否？」答曰：「是。」客曰：「吾能爲子報讎。」眉間尺曰：「父無分寸之罪，枉被荼毒。君今惠念，何所用耶？」客曰：「欲得子頭并子劍。」眉間尺乃與劍并頭，客受之，與王。王大賞之。即以鑊煮其頭，七日七夜不爛。客曰：「此頭不爛，須王自臨之。」王即往臨看之。客於後以劍擬之，王頭即墮鑊中。二頭相齩。客恐眉間尺不勝，乃自復劍擬頭，頭復墮鑊中。三頭相齩，經七日後，乃一時俱爛。乃分葬之。在汝南宜春縣，今三王墓是也。出《孝子傳》。

伯夷叔齊

伯叔親兄弟也。遼東孤竹君之子。父薨，伯夷長子，當立，乃讓位與弟叔齊。不受，乃讓與異母弟伯僚，僚乃爲君。夷、齊皆仕周。值文王薨，其子武王伐紂。夷、齊乃叩馬諫曰：「父死不葬，而起兵伐殷，豈謂孝乎？」武王怒，將誅之。太公諫曰：「此義士也，但未通權變耳。」王悦，乃用爲左丞相。夷、齊曰：「臣不忠，唐突君威，豈敢受君之爵禄也？」遂隱首陽山，噉果瓜、采薇而已，不食周粟。王靡子入山見之，謂曰：「君是何賢人，獨在山中？」夷、齊答曰：「吾遼東孤竹君之子，兄弟相讓父位，來歸于周。值武王不義，隱此山，不食周王之粟，以菜果爲糧耳。」靡子難之曰：「『普天之下，莫非王土；率土之濱，莫非王臣。』雖不食周粟，乃食周之菜果，何有異哉！」於是夷、齊遂不食，七日，俱餓死。殷末周初時人。出《烈士傳》。

侯郁

《東觀漢記》：侯郁，字叔異。年五歲，母病不能食。郁嘗抱持涕泣，不肯飲食。母憐之，强爲之食，欺言已愈。郁察母顔色不平，輒復不食。宗親異之，因字曰「叔異」。

黄香

《東觀漢記》：黄香，字文强。舉孝廉。無奴僕，香躬自勤苦，盡心供養。身無袴被，而親極滋味。暑則扇牀枕，冬則温席，而後極其處者矣。

陸績

《吴志》：陸績，字公續。年六歲，於九江見袁術。術出橘，績懷三枚。去，拜辭，墮地。術曰：「陸郎何乃作賓客而懷橘乎？」績跪曰：「欲以遺老母。」術大奇之。

殷渾

蕭廣濟《孝子傳》：殷渾，生而謹愿，七歲喪父，哀號毁悴，不爲戲弄。得瓜果可啖之物，懷待進母，未嘗先食。

鮑永

《東觀漢記》：鮑永，字君長，上黨人。少有志節，事後母盡心至孝。其妻於母前叱狗，即出之。

贊曰：孝乎惟孝，百行之先。大哉虞舜，聖性自然。
頑父嚚母，不格于姦。象慚傲狠，罔敢恣專。
文王盡禮，寢門問安。供勤子職，萬世師焉。

孝感篇第二

杜孝

蕭廣濟《孝子傳》：杜孝，巴郡人。少失父，與母居。至孝。應役成都，母喜食生魚，孝於蜀截大竹筒，盛魚二頭，塞之以草，呪曰：「我母必得此。」因投江中。婦出江渚，因見筒横來觸岸，異而取視，見二魚，含笑曰【一】：「必我婿所寄。」取而進之，聞者皆駭然。

陳業闕

董永

千乘人也。少失母，獨養父。父亡，無以葬，乃從人貸錢一萬。永謂錢主曰：「後若無錢還君，當以身作奴。」永得錢葬父畢，將爲奴。於路忽逢一婦人，求爲永妻。永曰：「今貧若是，身復爲奴，何敢屈夫人爲妻！」婦人曰：「奴心願爲君婦，不恥貧賤。」永遂同婦人至錢主。主問曰：「本言一人，今何有二？」永曰：「言一得二，理何乖乎？」主問永妻曰：「何能？」妻曰：「織耳。」主曰：「爲我織千匹絹，即放爾夫妻。」遂索絲，七旬之内，千匹絹成。主驚，遂放夫妻而去。行至前來相逢處，妻謂永曰：「我，天之織女，見君志孝，天使我償債。今君事了，不得久停。」語訖，忽飛而去。永惆悵而已。前漢時人。

【一】含笑曰　「笑」原作「哭」，據《初學記》卷一七改。

蔡順

字君仲，汝南人。少失父，養母至孝。王莽未定，天下大飢荒。順摘椹，赤黑異器。赤眉賊見問之，順曰：「黑者與母，赤者自食。」賊感其孝，遺斗米，令順養母。母嘗往他家飲酒，酒吐。順恐母被毒，乃嘗其吐。母後終，停柩，東鄰失火，順大慟，一身不能遷移，遂伏棺上。火飛過，燒西舍，一里之内，唯順得免。母生時畏雷，及葬後，每有雷雨，馳走繞墳大叫：「順在此，順在此！」太守聞之，每有雷，即給順車馬往墓。後漢人。

姜詩

字上遊，廣漢人。母好食江水，詩妻取水不及，詩遂棄妻。妻便寄鄰家，供養不缺。詩母又好食生魚，每作鱠，倩人送之，陰養如故。詩母感之，遂命還舍。舍傍忽有水泉湧出，味如江水，中有鯉魚，因以奉母。後漢人。事出《列女傳》。

薛包

字孟嘗，汝南人。後母惡之，分包出外。至於晨昏，竊來門外，灑埽而去。母怒，復逐之。包心不易。每得美膳，倩人送父母。父母慚之，召包，即還。後漢人。

丁蘭

事母至孝。母亡，刻木爲母事之。蘭婦誤以火燒母面，應時髮落。出《孝子傳》。

韓伯瑜

至孝。時有過，母杖之，大泣。母曰：「往者杖汝，常悦受之；今者杖汝，何得泣悲？」瑜對曰：「往者得杖常痛，知母康健；今杖不痛，知母乃衰，是以悲泣。」事出《韓詩外傳》。

贊闕

孝悌篇第二

盧毓

《漢書》：盧毓，字子家，涿郡人。父植，有大名於時。毓十歲而孤，遇本州亂，二兄死難。當袁紹、公孫瓚交兵，幽、冀年荒，毓奉養孤嫂及兄子，以孝行稱之。

山偉

魏收《後魏書》：山偉弟早死，偉撫寡訓孤，同居二十餘年，恩義甚篤。不營産業，身死之後，賣宅以葬。

卜式

《漢書》：卜式，河南人。以田畜爲事。有少弟欲分居，式脱身出，止取羊百餘口，田宅財物盡以與弟。十餘年間，羊至千餘口，買田宅。而弟基業破費盡，式輒復分與之。

李充

《汝南記》：李充，兄弟六人，貧無擔石之儲。易衣而出，竟日而食。其妻竊謂充曰：「今貧如是，我有私財，可分異獨居。人多費極，無爲空自苦也。」充請呼鄰里室家，相對共訣。妻信之，悉召鄰里親戚。充乃前跪，以妻言白母，出其妻。妻泣而出門去。

趙孝

《東觀漢記》：趙孝，字長平，沛國人。建武初，天下新定，穀食尚少。得穀，炊將熟，令弟禮夫婦俱出外，孝乃與其妻飯蔬菜。比弟夫婦還，即曰：「我已食訖。」以穀飯獨與弟夫婦。

魏霸

謝丞《後漢書》：魏霸，字喬卿，濟陰人。爲鉅鹿太守。臨郡，終不遣吏歸鄉里，妻子不令到官舍。嘗念兄嫂在家勤苦，己獨尊榮，故常服麤糲，不食魚肉之味。婦親蠶，子躬耕，與兄弟同居，甘苦如一，而鄉里化之。

贊曰：人之愛厚，莫甚天倫。連枝之戚，同氣之親。
孔融敬讓，蔡順誠純。長少以異，尊卑以陳。
當時播美，千古揚芬。著之方册，以勸人群。

孝友篇第四

王修

字叔治，北海人。十七歲，母以社日死，來歲社日號泣，感慼鄰里，爲之罷社。後任青州别駕。後漢末魏初人。

吴猛

字世雲，豫章人。年七歲，有孝行。於夏日伏於父母牀下，二親問其故，對曰：「恐蚊蝤皺父母，猛以身與食之。」晉時人。事出《孝子傳》。

趙孝宗

長平人也。弟禮爲餓賊捉，將欲食之。宗聞之，走謂賊曰：「禮瘦，不如孝宗肥，請代弟死。」賊相謂曰：「此義士也。」賊遂共釋之。漢明帝時，爲長樂尉。出《孝子傳》。

姬旦

七歲，有孝行。至夏日，伏於父母牀下。問其故，曰：「恐蝨蟲侵父母。」晉時人。

鮑山

字文才，京兆人也。兄弟三人，山最長，養母至孝。值漢末飢荒，兄弟在田，將蓬子斗餘，使弟歸與母。母被賊繩縛，弟見之，走告山。山持刀遂至。賊張衛待之。山從母斬賊數人，賊懼，遂還山母，却歸。北舍嫗亦被驅將，嫗回頭向山，山又斬賊。賊曰：「還君母訖，何斬不止？」山乃指嫗視賊：「是我嫂也！」賊又放之。

尹伯奇

周之上卿，吉甫之子。父更娶後妻，又生圭。伯奇至孝，後母嫉之，欲殺奇，乃取蛇密安瓮中，命奇、圭視之。圭年小，見蛇乃驚，便號叫走，稱「奇打我」。母問吉甫，甫不信。又謂甫曰：「奇存非法向我，君不信，今與奇遊後園，君遥觀之。」甫信其言。於是母與奇至園中，詐云：「被刺脚。」令奇看之。父遥見，謂如母言，呼奇責之。奇恐傷母，意終不自治，遂自抱石投河而死。周宣王時人。出《孝子傳》。

贊曰：友愛教育，功歸厥兄。趙禮化盜，孔氏趨刑。
常棣蕚韡，紫荆後榮。庳封虞舜，樓美唐明。
閔損自苦，鄧攸逃兵。鄙夫管蔡，不義垂名。

禮賢篇第五

西伯

《史記》：太公望呂尚者，東海人。姓姜，從其封，故曰「呂」。年老，以漁釣奸周西伯。西伯將出獵，卜之曰：「所獲非龍非彲，非虎非熊，乃霸王之師。」果遇太公於渭之陽。與語，大悦，曰：「自先君太公望子久矣！」故號曰「太公望」。載與俱歸，立爲師。

桓公

《史記》：齊桓公立，欲殺管仲。鮑叔牙曰：「君欲霸王，非管夷吾不可。」公乃從之，佯爲召管仲欲甘心，實欲用之。管仲來，及堂阜，鮑叔脱其桎梏，見桓公，厚禮之。遂以爲上大夫。

文王

《史記》：周文王篤仁，敬老慈少，禮下賢士。日中不暇食以待士，士多歸之。伯夷、叔齊在孤竹國，聞西伯善養老，來歸之。太顛、閎夭、散宜生、鬻子、辛甲之徒皆歸之矣。

沛公

《史記》：沛公過高陽，酈食其謂監門曰：「諸將過此者多，吾視沛公，大人長者。」乃求見。沛公方踞牀，使兩女洗足。食其曰：「足下必欲誅無道秦，不宜踞見長者。」於是沛公起，攝衣謝之，延之上座。

烈侯

《史記·世家》：趙烈侯好音，謂相國公仲連曰：「寡人有愛，可貴之乎？」公仲曰：「富之可也。」烈侯曰：「鄭歌者二人，吾賜之田，人萬畝【二】。」公仲曰：「諾。」不與。居一月，烈侯問田，公仲曰：「求，未有可者。」有頃，不朝【三】。番吾君自代來，

【二】人萬畝　「人」原作「八」，據《史記·趙世家》改。

【三】不朝　「朝」原作「期」，據《史記·趙世家》改。

謂公仲曰：「君好善，今公仲相四年，亦有進士乎？」公仲曰：「未也。」番吾君曰：「牛畜、荀欣、徐越皆可。」公仲乃進三人。牛畜侍烈侯以仁義，荀欣侍以舉賢，徐越侍以節儉。君説，使使謂公仲曰：「歌者之田且止。」官牛畜爲師，荀欣爲中尉，徐越爲内史，賜公仲衣二襲。

文侯

《史記》：魏文侯受子夏經藝，客段干木，過其閭，未嘗不軾。秦嘗欲伐魏，或曰：「魏君賢人是禮，未可圖也。」

晏子

《齊春秋》：越石父賢，在縲絏之中。晏子出，遇之塗，解左驂贖之，載歸。弗謝，入閨。久之，越石父請絶。晏子攝衣冠謝曰：「嬰雖不仁，免子於厄，何求絶之速也？」石父曰：「不然。吾聞君子詘於不知己，而信於知己。吾在縲絏，彼不知我也。夫子贖我，是知我也。知我而無禮，不如在縲絏之中。」晏子於是延爲上客矣。

騶奭

《齊世家》：騶奭采騶衍之術以紀文，齊侯嘉之，爲開第宅。康莊之衢，高門大屋，諸侯賓客覽之，言齊能致天下賢士。

魏無忌

《魏世家》：公子無忌，封信陵君。爲人仁而下士，士無賢不肖皆謙而禮交之，不敢以其富貴驕士，士以此方數千里争歸之。諸侯以公子多客，不敢加兵。

侯嬴

《史記》：魏有隱士侯嬴，年七十，家貧，爲大梁夷門監。公子信陵君厚遺之，不肯受。乃置酒會賓客，公子從車騎，虚左，自迎侯生。侯生攝敝衣冠，上坐不讓，欲以觀公子【四】。公子愈恭。又曰：「臣有客在市屠中，願枉車騎過之。」公子引車入市。侯生乃見其客朱亥，故久立，微察公子，顔色愈和。時賓客待公子舉酒，市人皆駡侯生，公子終不變。公子引侯生坐上座，客皆驚。侯生曰：「嬴，抱關者也。公子枉車騎迎嬴，嬴欲就公子之名，故久立公子市中。市人皆以嬴爲小人，而以公子爲長者，能下士也。」遂以侯生爲上客。

公孫弘

《漢書》：公孫弘爲丞相，開東閣，以待天下賓客賢士。後封平津侯。丞相封侯，自弘始。

陳蕃

《後漢書》：陳蕃爲豫章太守，不妄接賓客。唯徐孺子來，特設一榻，去則懸之。

【四】欲以觀公子　「以」原作「此」，據《史記·魏公子列傳》改。

太宗

《唐書》：太宗爲秦王，既平天下，乃鋭意經籍。開文學館，以待四方賢士。於是以房玄齡、魏徵以本官兼弘文館學士，圖其形狀，凡十八人，命褚遂良爲贊，號十八學士。給五品珍膳，分爲三番更直，時號爲「登瀛洲」。

周公

《史記》：周公嘗戒伯禽曰：「我文王之子，武王之弟，成王之叔父，不爲不貴。然一飯三吐哺，一沐三握髮以待士，唯恐失一賢人。」

趙勝

《史記》：平原君趙勝，居第有樓臨民家。民家有躄者，槃跚而行。樓上美人見而笑之，躄者造勝，請所笑者頭。平原君曰：「以一躄者而殺吾美人！」賓客以爲君輕士而愛色，栩栩引去。平原君於是殺笑者而謝躄者，賓客復集。

孟嘗君

《史記》：田文，靖郭君之子。好招延賓客，食客嘗三千人。夜與客食，一人蔽火光。客怒，以爲飯不等，輟食請辭。文起持己飯比之，無異。客慚，自縊。士自此益歸之。

蔡伯喈

後漢蔡伯喈嘗大會賓客，王粲至，謁伯喈，伯喈倒屣迎之，曰：「此王孫有異才，余不及也！」遂取家籍文章，舉以與之。

贊曰：太平基本，資於禮賢。古聖垂法，明王則焉。

詩歌樂只，實美周宣。蘇公必飽，式閭必虔。

黄金峻極，白璧詳延。果能此道，何千萬年。

卷第二

勤學篇第六

董仲舒

廣川人也。少耽學，下帷讀書，弟子莫見其面。十年不窺園圃，乘馬三年，不知牝牡。志在經傳，官至江都守。前漢武帝時人。

車胤

字武子，河東人。好讀書，家貧無油，取螢，於絹囊盛之以繼夜。出《宋略》。

朱買臣

字翁子，會稽人。家貧好學，不事産業。其妻羞之，求去。買臣曰：「吾年五十當富貴，今四十九年，可相待否？」其妻不信而去。明年，買臣隨計吏至長安上書，待詔金馬門。值邑人嚴助薦於武帝，帝拜買臣爲會稽太守。至，發民治道，妻與後夫治道。買臣見而識之，命後車載之，引至郡後舍居之，給與衣食。其妻大羞，不逾月而死。出《漢書》。

匡衡

字稚圭，東陽人。好讀書，家貧無油燭，乃穿鄰壁孔，映光讀書。後仕至丞相。出《前漢書》。

陳子昂

《唐書》：陳子昂，梓州射洪縣人。居獨坐山下，苦志讀書。甘淡泊，手不釋卷，尤善屬文。爲《感遇》詩三十首，王適見而奇之，謂曰：「此子必爲天下文宗。」詣闕上書，拜麟臺正字。武后嘗問調元氣以何道，子昂勸后興明堂太學，后不能用。史臣譏其以王者之事勉女主，徒受訕侮。

王充

後漢王充，字仲任。家貧無書，性勤於學，嘗於市閱所賣書，此不足則之於彼，未始少暇。後博通經史，自所著書號曰《論衡》。

闞澤

吴闞澤，字德潤，山陰人。家世業農桑，苦志好學。家貧，爲人傭書，以供給紙筆。所寫既畢，誦讀亦遍。究覽群經，兼通曆數。後位至侍中中書令。

崔儦

《隋書》：崔儦，清河人。少與范陽盧思道、隴西辛德源同志友善。每以讀書爲務。

恃才忽略，大署其門曰：「不讀五千卷書，無入此室。」不數年，博覽群書，多所通涉。

孟仁

《吴書》：孟仁，字恭武，江夏人。少從南陽李肅學。其母爲作厚褥大被，或問其故，母曰：「小兒無德致客，學者多貧，故作廣被，庶得氣類相接矣。」其讀夙夜不輟，肅奇之，曰：「卿宰相器也。」

王儉

《南史》：王儉，字仲寶，生而父僧綽遇害，爲叔父僧虔所養。幼篤學，手不釋卷，寒暑不易。賓客或相稱美，僧虔曰：「我不患此兒無名，政恐名太重耳。」丹陽户袁粲見之曰：「宰相之門，栝柏豫章雖小，已有棟梁之器矣，終當任人國事。」後爲僕射。

楊震

字伯起，弘農華陰人。志學，博通五經。時人爲之語曰：「關西孔子楊伯起。」漢明帝時，仕至太尉。後漢人。

孫敬

楚人，字文寶。常閉户讀書，睡則以繩繫頭，懸之梁上。嘗入市，市人見之皆曰「閉户先生」。帝特徵，不就。

甯越

衛人也。時苦耕而勞，謂友人曰：「何由免此苦也？」友人曰：「勤學三十年，當免。」曰：「他食，吾不食；他寢，吾不寢。勤學十五年，以當三十年。」如此，廣通典籍。周成王師之，拜爲上卿。出《春秋外傳》。

路温舒

字長君，鉅鹿人也。少爲人牧羊於大澤中，乃截蒲寫書。太守行，見而奇之，將歸，使學，仕至郡守。出《漢書》。

贊闕

勸學篇第七闕

志節篇第八闕

高士篇第九

光

夏時隱士，爲人大賢。禹受禪，禮聘光爲上卿。光聞，恥之，投河而死。出《逸士傳》。

莊周

楚人也。爲人賢，楚王聘爲相。周曰：「爲犧牛乎？衣以繒綵，食以葭葦，牽入太廟之時，欲作耕犢不可得。」遂感而不仕。六國時人。

王蠋

齊人，隱居不仕。齊宣王往見之，不敢屈致耳。往就席，欲用爲上卿，蠋固辭不受。六國人。出《孟子》。

高鳳

字文通，南陽人。好學，不仕。漢明帝徵之，終不赴。遂詐與寡嫂訟，自毀得免。後漢人。

法真

字喬卿，扶風人。太守召以爲功曹，謂真曰：「孤德薄，欲屈君爲功曹之位，以光讚朝廷。」真對曰：「府君用真爲吏，真將北山之北、南山之南矣。」太守不復敢言。後漢人。

嚴君平

蜀郡人也。數徵，避世不仕，賣卜於市。前漢時人。出《高士傳》。

樊英

字季卿，濟陽人也。順帝每召不至，乃轝而致之。入殿門，英不起。帝謂英曰：「朕能貴卿，能富卿，能貧卿，能賤卿，能殺卿，能活卿，何慢朕？」英曰：「受命於天，生盡其命，天也；死不得其命，天也。陛下焉能活臣？萬鍾之禄猶不受，陛下焉能富臣？臣在環堵之中，安然自得，陛下焉能貧臣？」帝不能屈之。後漢時人。

任永君

武陽人也。王莽篡位，不仕莽世，故託青盲。其妻謂之實，乃與人姦於目前，永不言。見子墮井，忍不救。及莽亡，世祖中興，永君曰：「世治矣！」目即明。淫者自殺。光武時人。

趙伎

字元叔，濮陽人。舉上計吏，詣京師。時司空袁逢受計，計吏拜者數百人。衆皆拜，伎不拜，長揖而已。逢語曰：「郡計吏不拜三公，何也？」伎曰：「酈食其長揖漢王，今長揖三公，又何劇焉！」袁逢與坐，同歸，談論終日不屈。後漢時人。

鄭玄

字康成，北海人也。博通群書，漢靈帝徵爲大司農，不就。乃還鄉里，教授諸生。黄巾賊見玄，皆相約不入其境。出《後漢書》。

贊曰：士有高尚，從昔攸聞。父不得子，君不能臣。卷舒從道，與時屈伸。富貴榮寵，忽如浮雲。林泉嘯傲，田畝耕耘。比跡黄綺，巢由與鄰。

廉儉篇第十

公孫弘

漢公孫弘，身食一肉，脱粟飯。爲丞相，御布被。開東閤以延天下士。後封平津侯。世或譏議弘，以爲矯飾。

隋文帝

隋房陵王勇，小名睍地伐，文帝長子也，立爲太子。嘗文飾蜀鎧，帝見而不悦，恐致奢侈之漸，因誡之曰：「我歷觀前代帝王，未有奢華而得長久者。我昔衣物各一，賜汝時看之以自警。」

徐湛之

宋徐湛之，字孝源。父逵，尚武帝長女會稽宣公主。初，武帝微時，貧陋過甚，嘗自新洲伐荻，有衲布衣襖，皆是敬皇后手自作。既貴，以此衣付公主曰：「後世若有驕奢者，可以此衣示之。」後彭城王義康等得罪，事連湛之。文帝怒，將致大辟。湛之憂懼，以告公主。公主即日入宫，及見文帝，因號哭下牀，不復施臣妾禮。即以箱所盛武帝衲衣擲地以示上，曰：「汝家本賤貧，此是我母與汝父作此衲衣。今日有一頓飽飯，便欲殘害我兒！」上亦號泣，湛之由此得免。

長孫道生

《北史》：長孫道生，代人。大武即位，除司空，加侍中。道生廉約，身爲三司，而衣不華飾，食不兼味，熊皮障泥數十年不易，時人比之晏平仲。

許由

潁川人。堯時隱箕山，無有栝器，乃以手捧水。時人遺其一瓢，由用訖，以挂於樹枝。時風吹瓢，歷歷作聲，由以爲煩，遂棄之而去。出《逸士傳》。

鮑焦

不知何許人。不食五穀，不衣絲麻，居深山中，食木實，衣樹皮。人或問之曰：「木實、樹皮，亦天之所生，何異五穀、絲麻哉？」焦遂抱樹不食而死。周時人。

范丹

字史雲，陳留人。爲萊蕪令，十日一炊，或終日不食。時人語曰：「甑中生塵范史雲，釜底生魚范萊蕪。」後漢人。

董宣

字少平，陳留人。爲洛陽令，性清儉。遇病，臨終，世祖使人視之，唯見布被蓋身，妻子對哭，大麥數斗而已。帝歎曰：「董宣清矣！死乃知之。」遂賜錢十萬。出《後漢書》。

孟宗

字恭武，江夏人。晉武帝時，爲雷池監與魚官。宗自捕魚，作鮓寄母。母曰：「爲魚官乃以鮓寄吾，奈何不避嫌疑！」遂封鮓還宗。宗後爲侍中。武帝大會群臣，宗爲性少酒，酒過度，在座嘔吐，吐出麥飰，帝知母子俱爲清儉人也。出《晉書》。

黄向

字文度，豫章人。常行於路，拾得遺金一囊，乃訪主還之。後漢人。出《漢書》。

公儀休

相魯，有人遺其雙枯魚。休曰：「吾免官之後，六得魚。」遂不受。其妻織布，棄之，而燔其機。周時人。出《韓子》。

晏子

字平仲。相齊，食脱粟之食，無魚肉，妻妾不衣帛，馬不食粟。齊景公時人。

孫叔敖

弊車疲馬，衣羝羊皮。左右曰：「車新則安，馬肥則壯，狐裘則溫，君宜改之。」敖曰：「君子服美則恭，小人服美則益倨。吾無德，恐益倨。」遂不改。楚莊王時人。事出《韓子》。

子思

孔子之孫也。思在衛，緼袍無表，十日九食。田子方遺狐裘，思曰：「吾聞饋人物，不肖者受之，如棄溝壑。吾無德，不敢以身爲溝壑。」不受。出《孔叢子》。

袁精目

嘗餓於道，狐父之盜曰丘【一】，餔三哺。後視曰：「子而何爲者也？」曰：「我狐父盜，餔哺君。」目曰：「吾義士，不食子無義之食！」遂兩手據地，喀喀吐而死。周時人。出《列子》。

楊震

字伯起，弘農人也。爲荊州刺史，後遷東萊太守【二】。道經昌邑，昌邑令王密乃賫金三十斤，專隨遺震。震不受。密曰：「闇夜之中，無人知見。」震曰：「天知地知，子知我知，何無人知！」密慚而退。後漢明帝時人也。

【一】狐父之盜曰丘　「丘」原作「巳」，據《列子·說符》改。

【二】後遷東萊太守　「萊」原作「華」，據《後漢書·楊震傳》改。

羊續

字興祖，太山平陽人。爲南陽太守，初至郡，主簿奉生魚。續受，懸之於庭。他日，主簿至。續乃出前魚以視之，以絶其意。續袍裏破，以黄紙補之。靈帝時，開鴻都門賣官，錢二百萬位至三公。時帝欲用續爲司徒，遣使至南陽求賂。續乃坐使者於單席，乃舉袍視使者：「欲知臣之唯有此袍耳！」續由清貧，不登相位。後漢人也。

華歆

字子魚，與北海管寧爲友。二人鋤田，見金，寧揮鋤與瓦甎無異，歆握而擲之地，不敢取。漢末魏初時人。出《世説》。

郝子廉

太原人。嘗行路，飲馬，輒投錢井中。過姊家，姊家設食，乃留錢席下而去。漢時人。

贊曰：儉德之本，廉斯可兼。舉不從儉，孰能守廉？
晏嬰仕達，顔回樂潛。胡威藩屏，公孫具瞻。
不以顯宦，變其安恬。驕奢淫佚，此其鍼砭。

儒行篇第十一

杜林

杜林，字伯山，扶風人。博學多聞，時稱通儒。漢末，隗囂聞林志節，深相敬待，以爲侍書，林因疾告辭，去還禄食。囂復欲强起，稱篤，不赴召。囂雖相望，且欲優容之，乃出令曰：「杜伯山，天子所不能臣，諸侯所不能友，蓋伯夷、叔齊恥食周粟。今且從師友之位，須道開通，使順所志。」後光武徵拜侍御史。

何休

王子年《拾遺》：何休，性質木訥，多智。三墳五典，陰陽算術，河洛讖緯，歷代圖籍，莫不該通。門徒問者爲之注記，口不能談。鄭康成鋒起而攻之，求學者不遠千里而至，如細流之赴巨海。京師謂鄭康成爲「經神」，何休爲「學海」。行業爲人所推重如此。

劉寬

字文饒，弘農人也。漢靈帝時爲太尉。帝會群臣，寬時在座。酒醉，睡伏。帝謂寬曰：「太尉醉也。」對曰：「臣不敢醉，但云任重責，臨深憂，心如醉也。」帝重其言。寬爲人性恬，嘗衣冠欲臨朝，妻遣婢奉肉羹，翻污朝衣。婢甚懼，寬曰：「徐徐！羹爛汝手乎？」嘗有客候寬，寬使奴沽酒。經久，奴醉還，又不得酒。寬怒曰：「畜生奴！」奴便去外，寬使人逐之。客問其故，寬曰：「奴被罵太甚，必致其死。」果如言。後漢人。

向栩

字甫興，河内人【三】。漢靈帝時拜爲議郎。時河北有張角作亂，因號「黄巾」，朝議欲討之。栩上言，宜遣人於河上讀經，賊當自滅。帝初從之，常侍趙忠讒之帝云：「栩與賊通謀，不欲令國發兵甲。」遂誅之。栩死，後黄巾轉盛。出《後漢》。

司馬徽

字德操，潁川人。有大度，不説人之短長。所諮請，莫問吉凶，悉稱好，終不言惡。有鄉人往見徽，徽問安否，鄉人云：「子死。」徽曰：「好。」其妻責之：「以君有鄉人故，語問之。云何聞人死知其好？」徽答曰：「如卿之言亦好。」後漢末人。出《文士傳》。

顧初

吴郡人。有牛暴其禾，初見，乃牽牛陰凉棚下，刈芻飼之。牛主愧之，不復暴。宋時人。出《宋書》。

牛缺

秦上地之儒士也。行於邯鄲，路逢盜，悉推財物牛車與之。行數里，腰下數百錢，追盜而與之。賊相謂曰：「此人長者，今辱之，必爲後患。不如殺之，以滅其跡。」遂追殺

【三】河内人　「内」原作「南」，據《後漢書·向栩傳》改。

之。六國時人。出《韓子》。

陳寔

字仲弓，潁川人。爲太丘令。嘗有盜入其家，伏於梁上。寔見之，遂呼諸子誡之曰：「夫人須有善，如不善之人，非其本性，乃習以性成，即梁上君子是也。」盜聞之，自投下地，叩頭待罪。寔謂曰：「觀君形貌，非是惡人。」遂遺布數端，囑令改行以遺之。自後縣境絶賊。後漢時人。

戴封

字仲平【四】，濟北人也。曾被賊，衣物悉盡，唯有絹七匹不知處。其賊已去，仲平乃追而與之。賊相謂曰：「此必賢人，不可辱之。」即還其衣物。出《後漢》。

淳于恭

字孟孫，北海人也【五】。王莽末，天下飢荒，賊盜蜂起。百姓逃竄，無事農桑。恭獨耕於野，人或非之。恭曰：「吾不得食，他人亦得。」光武中興，天下清平。嘗有盜刈其禾，時恭見之，恐其懼，乃自伏草間，盜去後乃出。後漢人。

卓茂

字康成，南陽人也。漢光武時丞相。嘗出行，有人就其車中誤認其馬。茂不言，默而解之，謂曰：「若非君馬，牽至相府相還。」失者後得本馬，遂送馬還，再拜慚謝。茂曰：

【四】字仲平　按《後漢書·戴封傳》作「字平仲」。

【五】北海人也　「海」字原缺，據《後漢書·淳于恭傳》補。

「物有相類，事有少誤，何須謝也。」後遷太傅。《後漢書》。

贊曰：縫掖之衣，章甫之冠。象服是宜，行之惟難。威而不猛，敬而能安。即之也温，望之儼然。孔聖之爲，萬世宗傳。凡百儒者，則而效焉。

卷第三

敦信篇第十二

魏文侯

與虞人期獵，獵日天雨，遂行。人止之，侯曰：「與人期，不可失信。」乃冒雨而行。六國時人。

吴起

與故人期食，人未來，起終不食。明日人至，方共食之。六國時人。

季札

使於上國，北遇徐君。徐君念札寶劍，不言。札知，心許之。使回，徐君已死。遂解劍挂墓樹而去。出《説苑》。

孟子

名軻，齊人。東舍殺豬，問母曰：「殺豬何爲？」母戲曰：「啖汝。」語已，母悔失言，遂買肉與之，明不欺信也。六國時人。

與女子期於橋下，女子不來，河水大至，遂抱橋柱溺死，其信有如此者。

尾生

名重耳。遭驪姬之難，奔亡楚。楚王待之，謂曰：「子歸國，何以報寡人？」重耳曰：「若以君威德還國，於原野對戰，當退避楚軍三舍。」及重耳歸國，立爲君。楚令尹子玉興兵伐宋，宋告急於晉。文公舉兵救宋。及，爲楚退三舍，以報往日之信。楚軍逐之後，文公縱兵擊之，遂大破楚軍。楚王大怒，責子玉，玉自殺。周襄王時人。

晉文公

字細侯，南陽人。更始時爲并州牧。出行部内，至西河界，有數百小兒乘竹馬來迎，遂問之：「何日却還？」伋乃令主簿繼日告小子。行部内回，先期一日至郭門之外，不進。主簿問伋，伋曰：「吾與小兒期，不可欺之。」明日，小兒皆乘竹馬來迎，遂入郭。事出《漢書》。

郭伋

字巨卿，山陽金鄉人。與汝南張元伯爲友。春别京師，暮秋爲期。伯至九月十五日，殺雞炊黍相待。伯母曰：「相去千里，没當信之。」伯曰：「巨卿信士，終不失信。」言訖，巨卿至。二人相隨拜母，極歡。後漢人。

范式

桓公

齊桓公伐魯，魯敗。莊公請獻遂邑以平，桓公許之。將盟，魯曹沫以匕首劫桓公於壇上，反魯侵地，桓公許之。已而曹沫去匕首，就臣位。桓公悔，欲無與魯地而殺曹沫。管仲曰：「夫劫而許之，而倍信殺之，一小地而棄信，於諸侯不可。」於是遂與曹沫三敗所亡地於魯。諸侯皆附焉。

晉文公

文公伐原，約令三日止。過期，而原不降，文公命退。軍吏諫曰：「君伐原，何故退也？」文公曰：「得原失信，吾不爲也。」原聞之【二】，請命自降。於是諸侯皆附，由守信也。

贊曰：大車之輗，小車之軏。有車之用，一不可闕。譬之於人，信爲軌轍。周遊往來，州里蠻貊。唯信與誠，造次勿缺。著敦信篇，以告來哲。

【二】原聞之「聞」字上原衍「約」字，據《韓非子·外儲説左上》删。

烈直篇第十三

唐雎

秦王欲以五百里地，求易隱陵君五十里。辭不受，使唐雎入謝秦王。秦王曰：「隱陵君輕我！」睢曰：「非敢輕大王，以受地於先君，謹守之耳。」秦王怒曰：「子不見天子之怒乎？怒則伏屍百萬，流血千里！」睢曰：「大王曾見布衣之怒乎？怒則伏屍二人，流血五步。昔專諸刺王僚，要離刺慶忌，聶政刺韓相，此三人皆布衣之士也。今通臣四人矣！」即按劍而進，怒目視秦王曰：「天下縞素，今則是矣！」秦王變色，長跪謝曰：「先生就坐，寡人知過矣。」

鉏麑

晉靈公之力士也。趙盾數直諫靈公，公患之，乃陰使麑往其家殺盾。盾早晨將朝，見星，未解衣而寐。盾實忠清，麑不忍殺之，又不敢違公之命，遂以頭觸庭槐而死。事出《左傳》。

温序

字次房，太原人。爲隗囂將軍。大敗，漢軍生獲序。將欲斬，乃銜鬚於口曰：「大丈夫死，無令鬚污！」遂銜鬚而死。出《後漢書》。

師經

魏文侯府人，善撫琴。文侯耽之，起舞。經怒，以琴撞文侯。文侯怒，使人曳經。經曰：「乞申一言而死。」文侯曰：「何？」經曰：「臣撞桀紂之君，不撞堯舜之主。」文侯曰：「寡人過矣！」乃懸琴以爲戒。六國時人。

周昌

沛國人。漢高祖時爲御史大夫。高祖常以戚夫人密戲，昌入奏事，見之，欲出。帝徒足而逐昌，乃騎昌頭曰：「我爲主何如？」昌曰：「陛下桀紂之君。」帝慚而止。出《漢書》。

朱雲

字子遊，魯人也。曰：「臣欲斬馬劍斷佞臣一人。」帝曰：「誰？」雲曰：「張禹也。」帝大怒曰：「廷辱師傅，死罪無赦！」令壯士拽下殿，欲斬之。雲不肯，乃扳折殿欄檻。時有大夫辛慶忌諫曰：「願陛下思之，若雲言直，陛下察之。」帝意乃解，遂舍之。左右欲治殿檻，帝曰：「留之以旌直臣也。」漢成帝時人。《漢書》。

董宣

字少平，陳留人也。光武時爲洛陽令。時珂公主奴白日殺人，因匿公主家。宣知，率左右於洛陽下伺之。須臾，公主將出，使奴驂馬。宣呼奴：「下馬，因何殺人！」公主大怒，告帝。帝欲殺宣。宣曰：「臣乞一言而死。」對曰：「陛下縱奴而殺良人，何以治國？臣請自殺。」遂投殿基，流血被面。帝令小黄門持之，使謝公主，宣不從。帝使人頓足，伏不起。公主即是帝姑。公主見宣不拜，謂曰：「文叔爲布衣時，藏亡命，慮已死，吏不敢到門。爲天子，奈何不能制此一人！」帝曰：「天子不與白衣同。」遂號「强項令」，乃赦之，賜錢三十萬。出《後漢書》。

張剛

字文紀，武陽人。漢桓帝時爲八道使，因采察風俗、牧守清濁。七使已發，剛獨不去，乃埋車輪於洛陽都亭，曰：「豺狼當道，安問狐狸！」帝曰：「是誰？」曰：「是梁冀。」是日誅冀。時廣陵賊張嬰殺太守，據郡。陳示禍福，嬰等開門出降迎剛。乃撫納，離散并集，親自爲之卜宅，使各得安居。部内肅清。桓帝嘉之，賜錢十萬。後漢人。出司馬彪《續漢書》。

任座

魏國人。文侯問群臣曰：「寡人如何也？」群臣曰：「仁君也。」座曰：「非仁君。」帝曰：「何以知之？」座曰：「君得中山之地，不封君之弟而封君之子，是以知非仁君也。」文侯大怒，逐而出之。翟璜曰：「君，賢君也。」文侯曰：「何以？」璜曰：「臣聞君賢則臣直。向來任座之直言，是以知君賢。」文侯大悦，召任座入，拜爲上卿。六國時人。

蘇武

字子卿，江陵人。漢武帝時，持節北使。匈奴單于脇武令拜，不從。匈奴以刃臨之，武曰：「堂堂漢使，安得屈於四夷！」遂拔劍自刺。匈奴大驚，急召人醫之，武得愈。匈奴欲封之，幽武置深窖中，時未與食。值天大雪，氈毛裹雪而吞，經七日不死。匈奴因以爲神，出武北海牧羊。武持節而牧羊，飢食羊肉，渴飲羊乳。武帝崩，昭帝立，與匈奴和親，漢使匈奴求武還，匈奴詐言武已死。武因李陵於夜中見漢使，來使者曰【二】：「君但語匈奴云，漢帝遊上林苑，射得雁，雁足上得武繫帛書，武在北澤中牧羊。」使者乃以言告匈奴。匈奴伏言：「武在此。」武便得還漢。武至，猶持漢節，節毛落盡。昭帝嘉之，拜武爲典屬國。武在匈奴十九年，去時壯盛，及回皓首。出《漢書》。

嚴顔

巴郡人。益州牧劉璋使顔守巴郡城，劉備入蜀，圍成都。劉璋便出降備，獨巴郡守而不降。備使將張飛攻巴郡，生擒顔。飛呵曰：「汝，將軍至，何乃不降，令逆戰乎！」顔曰：「卿等無狀，侵奪城州。我州但有斷頭將軍，無降將軍。」飛怒，命左右斬之。顔曰：「斫頭便斬，何怒耶？」飛見其忠壯，乃釋之，引爲賓客。漢末蜀初人。出《三巴記》。

卜式

《平準書》：元封元年，旱。卜式言曰：「縣官當食租衣税，今弘羊令吏坐市列肆，販物求利。願烹弘羊，天乃雨。」

贊曰：損者三友，惡夫善柔。剛忠烈直，惟德之休。

【二】來使者曰　「來」，史金波等《類林研究》作「謂」。

犯顔抗論，嘉謨嘉猷。不爲詭隨，不爲苟偷。敏於進善，疾惡如讐。回邪諂曲，寧不自羞。

忠諫篇第十四

三甥

《左傳》：楚文王伐申，過鄧。鄧祁侯曰：「吾甥也。」止而享之。騅甥、聃甥、養甥請殺楚子，鄧侯弗許。三甥曰：「亡鄧國者，必此人也。若不早圖，後君噬臍。圖之，此其時矣！」鄧侯曰：「人將不食吾餘。」對曰：「若不從三臣，社稷實不血食，而君焉取餘？」弗從。還年，楚子伐鄧，滅之。

鬻拳

《左傳》：鬻拳强諫楚子，楚子弗從。臨之以兵，懼而從之。鬻拳曰：「吾懼君以兵，罪莫大焉。」遂自刖。楚人以爲大閽，使其後掌之。君子曰：「鬻拳可謂愛君矣，諫以自納於刑。」

申叔時

《楚史》：楚子爲陳夏氏亂，故伐陳，殺夏徵舒，因縣陳。申叔時使於齊，復命而退。楚子使讓之曰：「夏徵舒弑其君，寡人以諸侯討而戮之。諸侯、縣公皆慶寡人，汝獨不慶，何故？」對曰：「猶可辭乎？」曰：「可。」曰：「夏徵舒其罪大矣，討而戮之，君之義也。抑人亦有言：牽牛以蹊人之田，而奪之牛。牽牛以蹊者信有罪，而奪之牛，罰已重矣。今縣陳，貪其富也，無乃不可乎！」楚子曰：「善哉。吾未之聞也。」乃復封陳。

申公巫臣

《楚史》：楚之討陳夏氏也，莊王欲納夏姬。申公巫臣曰：「不可。君召諸侯，以討罪也；今納夏姬，貪其色也。貪色爲淫，淫爲大罰。《周書》曰：『明德慎罰』，文王所以造周也。明德，務崇之之謂也；慎罰，務去之之謂也。若興諸侯以取大罰，非慎之也。君其圖之。」王乃止。

大戊午

《史記》：趙肅侯遊大陵，出於鹿門。大戊午叩馬首諫曰：「耕事方急，一日不作，一日不食。」肅侯下車謝，遂回。

史魚

《韓詩外傳》：衛靈公有蘧伯玉，賢而不用。彌子瑕不肖，而任事。大夫史魚恒欲進伯玉而退子瑕，公不從。及史魚病，謂其子曰：「吾死後，停吾喪階下。吾生不能進蘧伯玉而退彌子瑕，是吾不能正其君。死不成禮，於我足矣。」及死，靈公往弔之，見喪停階下，怪而問之。其子以父言對。靈公愴然變色曰：「寡人過矣！大夫生時，恒欲進賢而退不肖。及其死矣，又以死諫，可謂至忠矣！」於是遷喪於正堂，進蘧伯玉爲上卿，退彌子瑕。故孔子聞之曰：「古之列諫者，死則已矣。未若史魚尸諫，忠感其君者，可不爲直乎！」

張良

前漢高祖既滅項羽，酈食其勸立六國後。高祖命鑄印，張良入見，諫止高祖曰：「誰爲陛下畫此謀？陛下大事去矣！」時高祖方食，良遂借前箸以畫八難。高祖曰：「豎儒幾敗乃翁事！」遂命銷印。

王猛

《晉書》：王猛爲苻堅丞相，病甚。苻堅親往問所欲言，猛曰：「東晉雖微，正朔所在。親仁善鄰，國之寶也。臣歿之後，願不以晉爲圖。」堅不能用，竟至敗亡。

樊噲

《史記》：沛公入秦宫，帷帳、狗馬、珍寶、婦女以千數，欲留居之。樊噲諫沛公出舍，不聽。張良曰：「忠言逆耳利於行，毒藥苦口利於病，願聽噲言。」沛公乃還灞上。

敬翔

《五代史》：敬翔事朱梁。末帝時，唐莊宗築德勝南城於黄河之南以逼汴。末帝與宫人遊郡園，宫人皆挑葉拾翠，敬翔密以小繩致懷中，於帝前取以自縊。帝使人急救之，問其故。翔曰：「臣雖爲梁臣，實朱氏老奴，事陛下如郎君。不忍見社稷顛覆，誠願先效死於君前。」帝謂曰：「卿意欲如何？」翔曰：「令唐兵渡河，事急矣，非王彦章不可。願陛下委之以兵，必能拒唐。」帝於是用彦章，三日而破南城。

尹綽

趙簡子有臣尹綽者，常於衆中諫；有臣郗厥者，常於隱處諫。簡子曰：「綽不愛我，諫於顯；厥愛我，諫於隱。」綽曰：「綽愛君之過，不愛君之醜；厥愛君之醜，不愛君之過。」孔子聞之，曰：「君子哉尹綽！面諫而不面譽，可謂至忠矣。」

狄仁傑

唐則天之責中宗於房陵也，朝廷多臣進説言，則天終無復辟意。惟狄仁傑每從容以子母恩情感動，則天漸省悟，遂還政。

關龍逢

夏桀大夫也。桀無道，耽惑其妻，專行暴虐，不恤政事。龍逢苦諫，身被誅夷。桀爲湯所滅。

比干

紂之親叔也。紂用妲己之言，漂刑濫罰，耽荒酒色。比干數諫之，妲己患而謂曰：「妾聞上聖之人，心有十二孔；中聖之人，心有九孔；下聖之人，心有七孔。比干屢諫，心必有孔。」紂乃剖比干腹而視之。紂兄微子以紂拒諫，出奔投周武王。紂叔父箕子諫而不從，恐被害，乃佯狂爲奴【三】。殷時人也。

費仲

紂之幸臣也。周文四友并獻珍寶之物於紂，紂赦文王爲西伯，得專征伐。仲諫曰：「履雖新，不加於首；冠雖敝，不踐於地。西伯聖人，將有異志，不可縱也。」紂曰：「西伯食其子肉而猶不覺，竟有何聖！」仲曰：「不然。願察之。」終不覺。後果爲周武王所滅。

宫之奇

虞國人也。晉獻公用大夫荀息之計，以屈産之乘、垂棘之璧遺於虞君，以假道而伐虢。宫之奇諫曰：「虢者，虞之表也。表薄則裏單，脣亡則齒寒。虢國若敗，虞必不安。」虞君不聽，遂許之。晉伐虢訖，旋軍而滅虞【四】。虞君大敗，乃抱璧牽馬而走，歎曰：「兩者能致亡國之禍也！」周惠王時事。出《國語》。

蹇叔

秦大夫也。孟明爲將伐鄭，叔諫穆公，穆公不聽。叔哭而送之曰：「吾見軍之出，不見軍之入。」至殽山，果爲晉兵所敗，隻輪匹馬不返。公乃悔過自責，作《秦誓》，《尚書》篇。

【三】乃佯狂爲奴　「爲」字上原衍「之」字，參《史記·殷本紀》删。

【四】旋軍而滅虞　「虞」字上原衍「於」字，按此條實出《左傳》，參《左傳·僖公五年》删。

泄冶

陳大夫也。靈公與卿大夫孔寧、儀行父通於夏姬，姬即陳大夫御叔之妻，夏徵舒之母，爲人無行。靈公與孔、儀二卿取夏姬褻服，戲之於朝。公乃謂二卿曰：「徵舒似二卿。」二卿曰：「亦似君。」泄冶聞之，乃諫靈公曰：「若國人聞之猶可，他國聞之如何！」公聞，乃殺冶。徵舒聞公與二卿言，慚而不足【五】，乃於馬廄伺公，乃射公，殺之。二卿奔楚。出《史記》。

仲叔圉

衛人也。靈公坐重華臺，内侍婢數百人，佩隋珠曜目，羅綺從風。圉入，諫曰：「昔夏桀行此而亡，殷紂用此而喪。從君内寵，無乃太盛乎！」公下席再拜云：「先生不此言，則社稷幾傾矣！」於是出宮女以配鰥夫，出倉粟以賑貧民。孔子聞之：「靈公可諫矣！」周景王時人。出《新序》。

晏嬰

字平仲，齊大夫。景公飲酒而樂，釋衣冠【六】，使人迎晏嬰。嬰朝服而至。公曰：「寡人其願與子共之，諸子并脱朝服，請子去禮。」嬰曰：「君言過矣！上無禮無以使下，下無禮無以事上。刑鹿無禮，故父子聚麀。人所以貴於禽獸者，以其有禮。《詩》曰：『人而無禮，胡不遄死？』豈可去乎！」公曰：「善。」即服衣冠而飲之。公使顏燭養

【五】慚而不足　「足」，史金波等《類林研究》作「安」。

【六】釋衣冠　此句原作「捧取冠正」，按此事實出《新序》，據《新序》卷六改。

馬，因而失之。大怒，將欲殺之。刑人持刃而至。嬰諫曰：「今直殺燭，而不知有何罪。臣請數罪而殺之。」公曰：「善。」乃左手持刀，右手執燭頭而數之曰：「汝爲吾君養馬，失之，汝之合死，一也；使吾君爲馬殺人，若鄰國聞之，吾君爲愛馬殺人，必加兵於吾君，君國滅亡，又合死，二也。」謂公曰：「數罪，請殺之。」公大慚，乃止。出《春秋》。

伍員

字子胥，楚國人也。其父奢，兄子尚，皆爲楚平王所誅。胥奔吴，吴王闔閭與越王句踐戰，被傷而死。其子夫差興兵報越，越兵大敗。又於會稽之上，吴兵圍之，越王用范蠡之計，使文種求夫差。夫差欲從，胥諫曰：「天命以越賜吴，越以物送吴，王勿受之。」夫差不聽。乃受越美女、寶物，遂許。越王復國，撫養士卒，日欲報吴。吴王欲伐齊，胥諫曰：「吴之有越，猶如心腹之疾。願且釋齊而先軍於越。」夫差不聽，遂伐齊，剋之，而歸以誅子胥。胥曰：「伐齊雖剋，猶石田也，不可種之。」太宰嚭因讒胥於夫差，乃賜屬鏤之劍，令自盡。胥歎曰：「信讒臣以殺我！告我家人曰：『吾死後，汝懸吾頭於城東門，以視越軍來滅吴！』」夫差大怒，取胥屍沈於江中。吴人爲立祠於江上。後越果滅吴，流夫差於海而死，又殺太宰嚭。周敬王時。出《春秋》。

屈原

與楚同姓，爲三閭大夫。於是秦昭王使張儀入楚説懷王，王將入秦。屈原諫曰：

「秦是虎狼之國，無信久矣。王今入秦，必將不還。」懷王不聽，遂入秦，果不得歸。其子襄王立，又不從諫，稍疏原。大夫靳尚等共讒原，原憤結，乃作《離騷》以申其志，於湘水而自沈。漁父見之，屈原謂漁父曰：「一國皆濁，惟我獨清；衆人皆醉，惟我獨醒。」遂投汨羅江而死。六國時人。又《續齊諧志》曰：原以五月五日投江，楚人哀之，每至此日，竹筒貯米，投水祭之。漢建武年，長沙區曲見一人【七】，自稱三閭大夫，謂曰：「聞君見祭，苦蛟龍所竊。可練葉塞上，以練絲縛之，二物龍之所畏。」五月五日，周處《風俗》：「端午烹尖角黍。端者始也，謂五月五日。」原死日，傷其所遭，并命將舟檝以拯之，至今俗云「競渡」。又《越地志》云起於句踐。

【七】長沙區曲見一人　「曲」原作「回」，「一」字原缺，據《續齊諧記》改。

周昌

沛國人。漢高祖時爲御史大夫。高祖欲廢呂后所生太子盈，而立戚夫人子如意爲太子。昌諫之：「陛下若廢嫡立庶，臣不敢奉詔。」高祖崩，太子乃立，爲惠帝，拜昌爲太傅。見《漢書》。

申屠剛

梁國人。漢光武時爲大中大夫。帝欲出遊，剛叩馬諫曰：「隴、蜀未平，不宜遊逸。陛下裁之！」帝不聽，剛乃持刀斷馬足，帝乃止。時隗囂據隴右，公孫述僭號於蜀也。

字文業，洛陽人。秦王苻堅時，爲散騎常侍。與中書侍郎朱彤等俱在堅左右，故見引納，而整常盡忠臣規諫。時主頗好酒色，整常在主座，乃爲詩上主曰：「昔聞孟津河，千里有一曲。此水本自清【八】，是誰使令濁？」主正色曰：「展之過也。」整又上詩曰：「北園有奇棗，布葉承重陰。外雖有棘刺，内實有赤心。」主笑曰：「無卿文業，何以知朕過！」因改不行。事出《秦書》。

王猛

字景略，北海人也。苻王時爲大丞相。及病將困，主親臨視之，乃謂猛曰：「卿既困，何不遺朕一言？」是時主欲伐晉，猛曰：「臣更無言【九】。臣死之後，願陛下勿以東南爲意，臣死無恨。」主不聽。後遂伐晉，傾城大敗而還。主初欲伐晉時，問侍中權翼，翼云：「不可。」主大怒。又問道安，安云：「不可伐，肯爲延須。」上不從。放兵出騎九萬，遣弟陽平公苻融以先鋒。軍至壽春，爲晉謝石、謝玄、劉牢之所敗，秦師瓦解，因此遂衰。苻爲姚長所滅。出《晉書》。

范蠡

越大夫。越王句踐欲使蠡伐吴，蠡諫曰：「臣雖愚短，猶識其大端。大王今興兵伐吴，必不利。願王深察之。」王曰：「貪者不與廉者謀，廉者不與貪者合，此之謂也。今

【八】此水本自清　「本」原作「日」，據《十六國春秋·前秦録·趙整》改。

【九】臣更無言　此句史金波等《類林研究》作「臣更無他言」。

吴連接，不宜二主。」蠡曰：「臣聞稻禾熟不可强堆【一〇】，以弱凌强，必至毁傷。吴有相國伍子胥，逆知未來，越未舉兵，吴已知矣。」王曰：「相國勿復諫！謀者以命自當，豈復悔也，而數干亂寡人之心。」蠡涕泣而去。行至會稽山，望見吴兵鬱鬱，蠡歎曰：「必爲其所圖。」乃與吴戰，越師死傷垂盡。王謂蠡曰：「寡人爲事不明，果如相國之言。今欲自殺，如何？」蠡曰：「大王前何以辱臣？臣更與大王一計：可脱衣解印，臣共大王迎吴王，求哀請命稱臣。」句踐從其言，方迎吴王，稱：「死罪！伏惟吴國聖代，期運四方。臣自惟生處夷狄，未見天理。臣以輕卒部下，歸投吴國。伏願大王行德，賜以哀諒。」吴王乃捨之，却放歸越。越王撫治兵將，後陰謀伐吴，吴兵大破，皆蠡之計也。周時。出《吴越春秋》。

贊曰：事君無隱，貴夫盡忠。補過救惡，古今所同。
比干龍逄，遭時鞠凶。夔龍稷契，言則斯從。
由其所遇，治亂攸鍾。後王戒哉，聽納惟聰。

【一〇】臣聞稻禾熟不可强堆「禾」，史金波等《類林研究》作「未」。

納諫篇第十五新添

淳于髡

《齊史》：王欲發兵伐魏，淳于髡諫曰：「臣聞韓氏之犬逐東郭之兔，踰三崗五壑，兔乏於前，犬斃於後，各死其處，爲田父所獲，可謂勞而無功。若齊魏相攻，勞其兵士，臣恐强秦乘弊而有田父之功焉。」王納諫而止。

漁父

晉文公獵於澤，有漁父諫之曰：「夫鴻雁厭江海而入小澤，則有矰繳之患。今君棄其宮殿遊於此，何往之失！」文公納諫而還，欲賞之。漁父辭曰：「君能固國愛人，輕徭薄賦，則臣亦富矣。君若不能，有賞臣亦不能保也。」

叔向

晉文公問叔向曰：「國家之難，孰爲大？」對曰：「大臣重禄而不盡諫，小臣畏罪而不敢言，諂佞在朝，賢者不進，此國之大患也。」文公於是下令，有進善言，謁者不通，罪無赦。

宛春

晉靈公當寒使人穿池，宛春諫曰：「天寒穿池，恐傷民力。」公曰：「天不寒。」宛春曰：「公衣裘坐褥，是以不寒。民實寒矣。」遂罷役。

贊曰：聖賢相逢，實難其時。都俞於吁，謀謨疇咨。
唐虞敷試，禹拜湯稽。言之斯盡，聽之不疑。
如石投水，如木從規。君其若此，永固邦基。

拒諫篇第十六新添

靈公

《世家》：晉靈公壯，侈，厚斂以彫牆。從臺上彈人，觀其避丸也。宰夫胹熊蹯不熟，殺之，使婦人持其屍出棄之，過朝。趙盾隨會前數諫，不聽。已又見死人手，前諫，皆不聽。

大夫種

《世家》：越大夫種曰：「臣觀吴王志驕矣。請嘗試之貸粟，以卜其事。」請貸。吴王欲與，子胥諫勿與，王不聽。越乃私喜。子胥言曰：「王不聽，後三年，吴其墟矣！」

贊曰：忠言嘉謀，達於治體。通適人情，惠迪物理。
將敗之邦，鮮克聽是。峻却忠臣，囚奴正士。
禍不旋踵，巢傾卵毁。拒諫之君，惡夫逆耳。

聖明篇第十七

魏文侯

魏文侯出遊，見路人反裘負薪。文侯曰：「何爲反裘？」曰：「臣愛其毛。」文侯曰：「皮之不存，毛將安附？」明年，東陽上計【一一】，曹錢十倍。諸大夫皆賀，文侯曰：「此無異路人反裘負薪者。今吾地不加廣，民不加衆，而計錢十倍於昔日者，必取於民，非外得也。下不足，上亦不安，大夫何賀焉！」

季札

吳公子季札聘於晉，入其境，曰：「暴哉！」入其都，曰：「力缺哉！」入其朝，曰：「亂哉！」從者問其故，曰：「吾入其境，見鳥巢高，所以知其暴；入其都，見其舊室好，新室惡，是以知其力缺；入其朝，見其君自決而不下問，臣養威而不上諫，吾是以知其亂也。」

欒止

趙簡子沈欒止於河，曰：「吾好聲色，是人致之；吾好宮室，是人致之；吾好馬，是人致之；吾好賢士，是人不致。其長吾過而退吾善者也。」

贊曰：聖明之性，匪學而知。不違物理，不後天時。
見事精麤，識道幾微。是其所是，非其所非。
不爲福先，不觸禍機。緊斯人也，實爲世師。

【一一】東陽上計　「陽」原作「羊」，據《新序》卷二改。

行果篇第十八

王褒

字元偉，脩之孫也。魏高貴鄉公時，司馬文王秉政【一二】。褒父儀枉被文王所害，褒葬父訖，乃於墓前起廬，曉夜哀慟。墓前有數柏樹，樹色爲之慘悴，異於他樹。出《晉陽秋》。

趙孝宗

長平沛國人也。弟禮爲賊所得，將欲烹之。孝聞，馳往拜賊曰：「禮瘦孝肥，請代死。」賊相謂曰：「此人兄弟相代，真義士也。」并放之，令歸。孝後仕漢明帝，官至長樂衛尉。禮爲御史中丞。出《漢書》。

吴猛

字出雲，豫章人。年七歲，常至夏日伏母牀下。問之，曰：「恐蟁及母。」晉人。

贊曰：見善必行，聞義則徙。若决江河，孰能禦止。沮之不疑，勸之不喜。勇敢則然，勢利莫使。半塗不廢，中立不倚。嶷然不回，亦奇男子。

【一二】司馬文王秉政　「王」原作「公」，參《三國志·魏書》并據下文改。「司馬」上原衍「爲」字，參《三國志·魏書》及《類林研究》删。

卷第四

權智篇第十九

鄭桓公

《鄭史》：鄭桓公問太史伯曰：「王室多故，予安逃死？」太史伯曰：「獨洛之東土、河濟之南可居。」公曰：「何故？」曰：「地近虢鄶。虢鄶之君，貪而好利，百姓不附。如此，則虢鄶之民皆公之民也。」公曰：「善。」果國之。

管仲

字夷吾，潁川人。事齊桓公爲卿。桓公北伐孤竹，山中行迷失道。管仲曰：「老馬之智可用。」於是桓公乃放馬，從後隨之而歸。出《韓子》。

伍員

字子胥。楚平王枉誅其父，員乃走出邊邑。候人獲之，欲送於王。員曰：「王以我盜珠，我於是奔走。子今捉我還王，我乃言子奪我珠而吞之，王必剖子腹而取之。」候人懼而放之。周景王時人。出《韓子》。

隰朋

爲齊大夫。桓公北伐孤竹君，無水，兵馬乏渴。朋曰：「尋蟻壤即有水。」公從之，使人掘之，果得泉。出《韓子》。

陳平

陽武人。平小時附載渡河，舟人見其美丈夫，疑平腰有金，陰欲殺之。平知之，乃脱衣而坐。舟人見脱衣，知無金，故免其難。後歸漢高祖，用爲六奇之策，遂定天下，皆平謀計也。出《太平烈士傳》。

曹操

字孟德，沛國譙郡人。漢末，獻帝封爲魏王。常慮左右圖己，常設猜謀。晝臥，因佯睡裸身。左右爲之睡不覺露，乃引衣蓋。操即詐驚起，以刀逐蓋者。因曰：「若人有異心，欲圖我於睡中，有神告我，即心知之。」後臥，更無人近者。操將兵行數十里，士卒渴之。操曰：「前有梅林，其子甚醋。」兵卒聞之，口皆水出。

東方朔

字曼倩，平原厭次人也。漢武帝時呼朔：「來，來！」遂進前。帝乃再叱之，謂朔曰：「知朕呼卿意否？」朔曰：「『來來』，陛下欲賜臣棗四十九枚。」帝曰：「卿何以知之？」朔曰：「呼臣『來來』，是『棗』字；又叱，『叱』字口傍作七，再叱之，知四十九枚。」帝笑曰：「實如卿言。」時雨新晴，樹有鵲鳴。帝問：「鵲何方而鳴？」朔對曰：「東方鳴。」帝曰：「何以知之？」曰：「風從東來，鵲鳴必向風。」帝又問曰：「鳴何枝？」曰：「枯枝。」帝曰：「何以知之？」朔曰：「新雨之後枯枝濕，是以知之集枯枝。」帝使人視之，皆如其言。出《前漢》。

楊修

字德祖，弘農華陰人。漢司空楊彪之子。修少有令名，爲魏曹操主簿。嘗有一器酪，操乃題器上作一「合」字，賜群臣，皆莫敢開。修乃開，食之一口。操問其故。修曰：「『合』字者，人一口。」操伏之。

鄧哀王

名沖【一】，字倉舒，曹操少子也。年九歲，有智及成人。吴主孫權曾獻大象，操欲知斤兩，乃詢群臣，群臣莫對。沖曰：「此亦易知。」操曰：「如何？」仲曰：「置象船中，記其水際，然後秤土入船，即知斤兩。」衆人咸伏。出《魏書》。

簡雍

字憲和【二】，涿郡人。雍爲人多智，蜀主劉備時爲昭德將軍，亦從容譏諷。時蜀大飢，先主禁酒。於百姓家搜得酒具，則加重刑。時雍從先主遊行，逢男子於路，雍謂主曰：「此人欲行姦淫，何不縛之？」主曰：「何以知之？」曰：「其人身帶淫具，與酒具

【一】名沖　「沖」原作「仲」，據《三國志·魏書》改。下文「沖曰」同。

【二】字憲和　「憲」原作「曼」，據《三國志·蜀書》改。

同。」主大笑，遂不搜之。

王戎

字濟仲【三】，太原人也。年七歲，與諸小兒戲於道傍。傍有李樹，其實甚繁。諸小兒争取，唯戎不取。人問之，戎曰：「此必苦李。」嘗之，果然。《世説》。

田單

齊人。景公不用晏子之謀，燕昭王遣大夫樂毅將兵伐齊，閔王乃奔入莒城。單入即墨城，燕軍晝夜攻之。餘城悉降，莒及即墨不降。齊大夫淖齒遂殺閔王。莒人殺齒，在城堅守數年。樂毅引兵圍即墨，即墨大夫出戰而死，城中惟單在，乃爲謀計堅守。又令婦人乘城上，詐言「城内欲降，願莫殺吾妻子」，并惠遺燕王金，由是解怠之。又取牛千頭，悉以繒綵衣之，畫作龍文，束刃於牛角，束蘆於牛尾，以油灌之。鑿城開道，以火燒尾，縱牛出。兵士五千隨牛後，牛尾火熱奔突，燕軍大驚，見牛尾火光眩燿，皆言是龍。又城中鼓噪應之，又使小弱皆以銅器作聲，震動天地。燕軍大敗，死者過半。齊拜單爲上大夫。

曹瞞

《魏略》：曹操小字瞞。幼好遊畋，其伯父惡之，屢言之於操父，父輒苦操。一日，操方在山野，遥見其伯父來，預爲風疾，倒臥不省。伯父見之，先歸以語操父。操久之方歸，父迎問曰：「伯父言汝病，何以得歸？」操佯爲愕然曰：「瞞何嘗病？但伯父惡瞞爾。」

【三】字濟仲　按《晉書·王戎傳》，戎字濬仲。

自後其父不復聽其伯父言。

陳平

《前漢》：有人上書告楚王韓信反，高帝以問陳平。平曰：「南方有雲夢，陛下僞遊雲夢，信郊迎，擒之。此一力士之事耳。」帝以爲然。南遊，果擒信。

張良

《史記》：韓信既下齊，使使者告高祖曰：「齊地新降，臣以假王鎮之。」高祖怒。張良以足躡高祖。高祖悟，於是改容曰：「汝自可爲真齊王，何以假爲！」就封信齊王。

諸吕

《世家》：吕太后立諸吕爲王，陳平僞聽之。及太后崩，與太尉勃合謀，卒誅諸吕，立文帝，從權謀也。

田忌

《史記》：魏與趙攻韓，韓告急於齊。齊使田忌將而往，直走大梁。魏龐涓聞之而歸。孫子謂田忌曰：「使齊軍入魏，爲十萬竈；明日，爲五萬竈；又明日，爲二萬竈。」龐涓大喜曰：「我聞知齊軍怯入吾地，三日士卒亡者過半矣。」孫子度其暮至馬陵，可伏兵，斫大樹，白而書之曰：「龐涓死于此樹下。」令萬弩夾道而伏，期日暮，見火舉而俱發。涓果夜至斫木下，鑽火燭之。讀未畢，萬弩俱發，魏兵大亂。涓自知智窮，乃自剄，曰：「遂成豎子之名！」

范雎

《史記》：范雎伏匿。秦昭王使王稽使魏，鄭安平詐爲卒，侍王稽。稽問：「魏有賢人乎？」安平於是引雎，夜見王稽。稽載雎入秦。望見車騎來者，雎曰：「謂誰？」稽曰：「秦相穰侯。」雎曰：「吾聞穰侯惡内諸侯客，我且匿車中。」穰侯至，勞稽，因曰：「得無與諸侯客子來乎？無益，徒亂人國！」稽曰：「不敢。」別去，雎曰：「穰侯見事遲，此必悔。」雎下車走。行十餘里，果使騎還車中索之。無，乃已。

陳平

《漢書》：項王聽范增，急攻漢王於滎陽，漢王患之。項王使使者來，陳平使爲具太牢，舉欲進之。見使者，佯驚曰：「吾以爲亞父使者，乃反項王。」更持去，以惡食食項王使者。使者歸以告，項王疑增與漢有私，奪之權。增發背死。

贊曰：可與適道，未可與權。事之未明，疑似之間。
非聖莫識，處之誠難。戰國縱橫，譎詐相先。
權以私己，智以利言。從斯以降，至道終焉。

斷獄篇第二十

邴吉

字少卿，北海人。漢宣武帝時爲丞相。陳留有一老人年八十餘，家富無子，有一女，已適人。其妻已死，翁又娶一妻，復生一子。後翁死，妻育子數年。前妻女欲胠財物，乃誣後母所生非我父之胤。郡縣不能斷，聞於臺省。吉爲廷尉，出決疑獄曰：「吾聞老人之子不耐寒，日中無影。」遂八月中取同歲小兒，匀以單衣，諸小兒不寒，唯老人之子變色。又令諸小兒於日中行，唯老人之子無影。遂判財物歸於男，前女受誣母之罪。出《前漢》。

黄霸

字次公，魏人也。漢宣帝時爲丞相。燕、代之間，有三男共取一女，因生二子。及分離其子，遂訟。臺令霸斷之：「非人類，同禽獸處之。」戮三男，其子還母。事出《風俗傳》。

張舉

吴人，爲句章令。有妻殺夫，因放火燒舍，乃詐言火燒死。夫家疑之，經官。訊妻，妻拒諱不承。舉乃取豬二口，一殺之，一活之。乃取薪燒之，察殺與燒死，死者口中有灰，活者口中無灰。以此斷之，妻伏罪。吴王孫權時人。事出《吴録》。

范邵

爲浚儀令。有挾絹於市者，有一人復挾絹，二人遂争，稱「我絹」。令斷之，各分一半令去。後遣人密察之，有一喜一愠之色。於是擒之，伏罪。後漢人。出《先賢傳》。

苻融

堅之弟也，封平陽公。善斷獄。時長安市人被盗奪物而走。逐之，盗者遂誣主。融曰：「汝等各用力走，先者得之。」盗者遲，因擒，伏其罪。

趙綽

《隋書》：趙綽，河東人。性質直。高祖時，爲大理少卿。刑部侍郎辛亶嘗衣緋褌，俗云利於官。上以爲厭蠱，將斬之。綽曰：「據罪，不當死，臣不敢奉詔。」上怒，謂綽曰：「卿惜辛亶，而不自惜也。」命左右將綽斬之。綽曰：「陛下寧斬臣，不可殺辛亶。」遂釋之。明日謝綽，勞勉者久之，賜物三百段。

張審通

隋大業元年，兖州佐史董慎，性公直，明法理。嘗因授衣歸家，出州門，逢一黄衣使者曰：「太山府君呼君録事。」因出懷中牒示慎。慎曰：「府君呼我，豈有不行。」使者遂持一大布囊，内慎囊中，負之出郭。致于路左，汲水調泥【四】，封慎兩目，負之而行。都不

【四】汲水調泥　「汲」原作「波」，據《太平廣記》卷二九六「董慎」條改。

知遠近，忽聞唱：「追董慎到。」遂傾囊出之，抉其泥，賜青衫、魚鬚笏、豹皮靴，取榻令坐。府君曰：「藉君公正，故有是請。昨有福州令狐實等三十六人，置無間獄，承天曹符，以實是太元夫人三等親，准令減三等。罪人程翥等一百二十人，引例紛紜，已具申天曹。天曹以罪疑惟輕，亦量減二等。余恐後人復引例，君謂宜如何？」慎曰：「慎一胥耳，素無文學。常州秀才張審通，辭彩俊拔，願得備君管記。」府君令帖召張秀才，俄頃至。府君語其事，審通曰：「此易耳。君當以判狀申。」君曰：「善爲我辭。」即補充左曹録事，仍賜衣物，與慎同。又各給一玄狐，每出即乘之。審通判曰：「天本無私，法宜畫一。苟從恩貸，是啓姦門。令狐實前議減刑，已同私請；程翥等後伸薄訴，且異罪疑。倘開遞減之科，實失至公之論。請依前付無間獄。」仍録狀申天曹者。即有黄衫人持狀而往。少頃，復持天符來曰：「所申文狀，多起異端。奉主之宜，但令遵守。《周禮》八議，一曰親親。又元化匱中釋沖符，亦曰無親不親。是則典章昭然，有何不可？豈使太元功德，不能庇三等之親？仍敢愆違，須有微謫。府君可罰不衣絮六十甲子，餘依前處分者。」府君大怒審通曰：「君爲判辭，使我受譴！」即命左右取方寸肉，塞却一耳，遂無所聞。審通訴曰：「乞更爲判申，不允，則甘再罰。」君曰：「君爲我去罪，即更與君一耳。」審通又判曰：「天大地大，本以無親。若使有親，何由得一？苟欲因情變法，實將生僞喪真。太古以前，人猶至朴；中古之降，方聞各親【五】。豈可使太古育物之心，生仲

【五】方聞各親　「各」原作「名」，據《太平廣記》卷二九六「董慎」條改。

尼觀蜡之歎？無親不親，是非公也，何必引之？請寬逆耳之辜，敢薦沃心之藥。庶其閱實，用得平均。令狐實等，并請依正法，仍録狀申天曹者。」黄衣人又持往。須臾，復有天符來曰：「再省來狀，甚爲允當。府君可加六天副正使。令狐實、程翥等并依正法處置。」府君悦，即謂審通曰：「非君不可正此獄。」因命左右割下耳中肉，令一小兒擘之爲一耳，安於審通額上，曰：「塞君一耳，與君二耳，何如？」又謂慎曰：「甚賴君薦賢，以成我美。然不可久留。君壽當一周年，今相報，從今更二十一年矣。」即促送歸家。使者復以泥封二人，布囊各送至家，寫出。顧問妻子，妻子曰：「君亡精魄【六】，已十餘日矣。」慎果二十一年而卒。審通數日額癢，踴出一耳。通前三耳，踴出者尤聰。人笑曰：「天上有九頭蟲，地上有三耳秀才。」亦號「雞冠秀才」。

張九齡

唐開元中，張九齡累歷刑獄之司，無所不察。每有公事赴本司行勘【七】，胥吏未敢辞劾，先取則於九齡。九齡引囚於前，分曲直，口撰案卷。囚無輕重，咸樂其罪。時人謂之「張公口案」。

張釋之

《前漢》：張釋之，南陽人。文帝時爲廷尉。頃之，上行出中渭橋。有一人從橋下走，乘輿馬驚，於是捕之，屬廷尉。釋之治問，曰：「縣人來，聞蹕，匿橋下。久，以爲過。

【六】君亡精魄　「君」原作「吾」，據《太平廣記》卷二九六「董慎」條改。

【七】每有公事赴本司行勘　「本」原作「木」，據王仁裕《開元天寶遺事》卷下「口案」條改。

既出，見車騎，即走。」釋之奏：「此人犯蹕，當罰金。」上怒曰：「此人親驚吾馬，賴馬和柔，令他馬，固不毀傷我乎！何乃當罰金？」釋之曰：「法者，天子所與天下共也。今法如是，更重之，是不信於民也。且方其時，上使使誅之，則已；今以下廷尉，廷尉，天下之平也。一傾，則天下用法皆爲之輕重，民安所措手足？唯陛下察之。」上良久曰：「廷尉言是也。」其後，人有盜高廟坐前玉鐶，得之，下廷尉，案盜宗廟服御物者，當棄市。上大怒曰：「人亡道【八】乃盜先帝器，吾屬廷尉者，欲致之族。而君以法奏之，非吾所以恭承宗廟意也！」釋之免冠頓首謝曰：「法如是，足也。今盜宗廟器而欲族之，如有萬一，假令愚民取長陵一抔土，陛下且何以加法？」文帝與太后言之，乃許廷尉。

李惠

《北史》：魏李惠，中山人，爲長安守。聽事有燕巢，雙燕爭巢，鬬者累日。惠令人捕獲，試命綱紀吏斷之，并辭不能。惠乃使卒以弱竹彈兩燕，既而一去一留。惠笑謂屬吏曰：「此留者，自計爲巢功重；彼去者，經痛，無固心。」群下伏其深察。

贊曰：片言折獄，古人所難。彝儀是守，令典不刊。
狙獪巧僞，心欺面謾。求情覈實，在乎法官。
察言觀色，灼然肺肝。神明之政，物莫欺焉。

【八】人亡道　「亡」字原缺，據《漢書·張釋之傳》補。

清吏篇第二十一

子産

姓公孫，名喬，鄭大夫。相鄭國，路不拾遺，桃李垂街，人莫敢取。《説苑》。

劉琨

字桓公，陳留人。光武帝時，初爲江陵令。有火災，叩頭向火，即返風滅火。後爲弘農太守，暴虎負子渡江而去。後爲侍中，帝問曰：「卿爲江陵令，反風火滅；爲弘農太守，暴虎渡河。德政之所及也。」琨曰：「偶然爾。」左右笑其訥。帝曰：「此長者之言。」命書於策。後漢時人。

侯霸

字君房。爲臨淮郡守，罷郡之日，百姓皆攀轅臥轍留之。後漢人。

孟康

字公休，安平人也。魏初爲京兆太守。嘗夏出行郡内，勸課農桑。康乃自鐮刈芻飼馬【九】，不欲煩於人。魏時人也。

黄霸

爲潁川太守，仁風大行，部内肅清，德感上天，嘉禾生於野，鳳皇集境内。宣帝美之，

【九】康乃自鐮刈芻飼馬　「乃」字上原衍「毋」字，據《太平御覽》引《魏略》删。

賜金四十斤。前漢人。出《漢書》。

魯恭

字仲康，扶風平陵人。漢明帝時爲中牟令。天下大蝗蟲，郡國皆被災，災獨不入中牟境。司徒袁安聞之，遣仁恕掾察之。入境，見雉馴于野。掾問小兒曰：「何不捕取此雉？」小兒曰：「雉方將雛，不忍害也。」掾於是遂與恭説曰：「我是司徒使，故來察君治迹耳。君能禳災，一異；仁及鳥獸，二異；童子有仁心，三異。久留徒擾賢者。」遂辭而去。後徵爲司徒。出《後漢書》。

虞延

字子大，陳留人。爲漁陽令，每至歲臘，便放罪人還家，剋期而至。囚皆感延仁德，應期而來。有囚歸家得疾，家人載來詣獄。死，延遂殯於門外。延遷太守。後漢人。出《後漢書》【一〇】。

劉寬

字文饒，弘農華陰人。爲南陽太守，人吏有過，但蒲鞭示恥，不加楚毒。寬後遷太尉。出《後漢》。

吴隱之

字處默，濮陽人。晉安帝時爲廷尉、刺史。行經五嶺，南有一水，名貪泉，飲此水者，

【一〇】出後漢書　「後」字原缺，核此條出處爲《後漢書》，據改。

令廉者貪。隱之至水，令人取而飲之，乃爲詩曰：「嶺南有一水，世名貪泉深。試令夷齊飲，終當不易心。」《晉書》。

謝方明

東郡人。宋文帝時爲臨内令。每至歲節，放囚而歸，剋時而來。後爲會稽太守。有子名惠連。出《宋書》。

王敦

字仲尚【一二】。爲青州刺史，將代，更造舍宇，牀帳宛然，擬待後人。

鄧攸

爲吴郡太守，在政有恩惠。罷郡之日，民皆慕戀，入水牽船，不放前去，悲泣而送。

劉陶

字子音。爲廣漢太守，去後人思之，乃歌曰：「悒然不樂思劉君，何時更來臨下民？」

張堪

南陽人。爲漁陽太守，有惠政。人歌曰：「桑無附枝，麥秀兩歧。張君爲政，不可及之。」後漢時人。

【一二】字仲尚　按《晉書·王敦傳》，敦字處仲。

廉範

字叔度，京兆人。爲蜀郡太守，以前任中多失火【一二】，乃禁人夜作，百姓貧困。範至，令百姓貯水防火，任日夜作，人皆殷富。民歌曰：「廉叔度，來何暮！不禁火，人安堵。昔無一繻，今有五袴。」後漢人。

皇甫嵩

安定人。爲冀州刺史，百姓慕其政化，民歌曰：「天下大亂市爲墟，父不保子妻失夫，賴得皇甫復安堵。」《後漢》。

裴潛

字子行，罷南陽太守，空手而歸，歎曰：「恨不取少青土，用以封書。」魏文帝時人也。

陸納

字士言。爲吴郡太守，乘車駕舟往西亭君作。上都信至，云兄遭事。納便於此引船下南津，乃還都，竟不過郡，一無所取而去。晉時人。

褚瑶

字孔珽。罷烏傷縣，單船而歸。故人太子中庶子羊衡乞土宜，瑶乃抽船上竹一竿，舉之曰：「東南之美【一三】，唯竹箭矣。貞而有節，幸堪歲寒。」庶子聞之，使人往看，唯竹

【一二】以前任中多失火　此句史金波等《類林研究》作「前任以郡中多失火」。

【一三】東南之美　「之」原作「文」，據《廣博物志》引《晉書》改。

笠一枚，蘆穟數領【一四】。乃用瑤爲昭信中郎。吴時人。事出《吴書》。

洪鉅

罷會稽太守，清直，資裝不令人知，乃船并載黄土，積重。人示之，見土也。

時苗

《魏略》：時苗爲壽春令，初至，駕車黄牸牛，歲餘生一犢。乃去任，留之，曰：「是爾土所生。」

楊震

《後漢》：楊震爲東萊守，道經昌邑。昌邑令王密，是震所舉，夜懷金上震，曰：「無人知。」震曰：「天知地知，子知我知，何謂無知！」遂不受。

羊續

《後漢》：羊續，字興祖，爲南陽太守。主簿饋魚，續懸之。他日人饋，遂出懸魚示之，以絶其意云。

子罕

《左傳》：宋人得玉，以獻子罕。子罕辭之。其人曰：「時人以爲寶，故獻之。」子罕曰：「子以玉爲寶，我以不貪爲寶。受之，則俱喪其寶。」

【一四】蘆穟數領　「穟」原作「以發」，據《廣博物志》引《晉書》改。

田國讓

《魏志》：田豫，字國讓。爲并州刺史，清約儉素，所得賞賜，皆散將士。

劉寵

《續漢書》：劉寵，字興祖。爲會稽太守，遷將作大匠。去任，至若耶谿，五六父老各年八九十，人持百錢以贈寵。寵選一大錢，餘悉還之而去。人呼爲「一錢太守」。其清如此。

霍去病

《漢書》：霍去病，衛青之甥，爲驃騎將軍。帝爲治第，去病辭曰：「匈奴未滅，臣何以家爲？」上益愛之。

李詢

《東觀漢記》：李詢爲兖州刺史，清約率下，所種小麥、胡荽，悉付從事。常席羊皮，臥布被。

范丹

《後漢》：范丹，字史雲。爲萊蕪令，清貧。時人爲之語曰：「甑中生塵范史雲，釜中生魚范萊蕪。」

胡威

《晉陽秋》：胡威，字伯虎。父質爲荆州刺史，威自京兆往省父，乃自驅驢。臨辭，質賜縑一匹。威跪曰：「大人清高，何得此絹？」父曰：「是吾俸禄之餘。」武帝嘗問威曰：「卿清何如卿父？」威曰：「不如。臣父清畏人知，臣清畏人不知。」

贊曰：敕官居位，禄以代耕。衣食麤給，復何所營。是以君子，務其廉平。如玉之潔，如冰之清。守正不撓，自公生明。芬芳千古，夷齊抗衡。

酷吏篇第二十二

嚴延年

東海人。漢武帝時爲廷尉，峻刑酷法，殺人無數，長安爲之流血，時人號曰「屠伯」。其母從東海來就延年，見其酷虐，遂即却歸。不經月，延年爲枉法殺人，帝誅之。載喪歸家，母竟不哭。

應閔

爲廣漢太守，無道而貧，常令吏下村覓錢。民歌曰：「狗吠何喧喧，有吏到門前。被衣出門視，使云須要錢。」漢人。

劉穎

爲南陽太守，無賴少恩。有題其門曰：「有三不肯：不肯死，不肯去，不肯遷。」

王吉

陳留人。爲沛國太守，每殺囚，磔曝其屍。夏日腐爛，即以繩連其骨，責載遍示一郡【一五】。四年内枉殺萬人。漢桓帝時人。出《漢書》。

薛安

爲揚州從事。戴就，字景成，會稽上虞人也，爲倉曹掾。太守成公浮受贓穢【一六】，揚州刺史歐陽澡遣安詣郡檢治，拷覆取實。安至收就，拷加五毒。乃以針刺就十指甲，使令抱土；又燒鐵令赤，使挾之肘内，燋爛肉墮地，就乃取而食之，終無款狀。安乃覆就於船下，而燒馬糞於船兩頭熏之。火滅，謂就已死，乃撥船視之，就乃張目謂主者曰：「何不益糞添火，而使之絶，何也？」主者謂安。安聞之，引就共坐談論，遂解其事。漢時人。

荀晞

字道將，河内温縣人也。爲兖州刺史，晞弟犯事，乃殺之，舉聲大哭曰：「殺汝者，兖州刺史；哭汝者，荀道將。」事出于《晉書》中。

謝詢

爲吴縣令，治政無狀，百姓所惡。人願遷代，終不能去。乃歌曰：「鼕鼕打五鼓，雞

【一五】責載遍示一郡　「責」，史金波等《類林研究》作「車」。

【一六】爲倉曹掾太守成公浮受贓穢　兩句多衍文，史金波等《類林研究》作「爲太守，受贓穢」。

嗚天欲曙。鄧侯何不來，謝令推不去。」鄧侯，晉人，善爲政。

甯誠

《史記》：甯誠爲漢中尉嚴酷，時人語曰：「寧逢乳虎，無見甯誠一怒。」誠又褊急，人憚之。

贊曰：嗚呼暴虐，夫何不仁？割制民命，羅罔群倫。抽腸抉目，擢髮刳身。陷害必信，公方莫伸。熏船炙瓮，釘模薑盆。好還斯報，宜觀俊臣。

聰慧篇第二十三

小兒

《世説》：孔子出遊，路見兩小兒相詰難。其一先曰：「我謂日之初出也去人近，及其中也遠。」其一曰：「我謂日之初出也遠，及其中也近。」先者問曰：「汝何以驗之？」答曰：「日之初出也，蒼蒼凉凉；及其中也，如探湯。豈非近者熱而遠者凉乎？」其一曰：「殆非也。日之初出也，大如車輪；及其中也，小類盤盂。豈非近者大而遠者小乎？」久之不能分，於是問於孔子。孔子不能答。小兒曰：「孰謂子多知乎？」

張安世

杜陵人。少而聰敏强記。漢武帝亡書三篋【一七】，安世嘗誦其文，心猶强記，遂暗寫其書。後得真本，比較無錯。封富春侯。前漢人。

王充

字仲任，會稽上虞人。家貧無書，嘗遊洛陽，市間所賣書【一八】，一見而誦之。後通百家之書，著《論衡》數篇行於世。仕至侍中。

班固

字孟堅，扶風人。年九歲，能屬文。長通五經，兼諸子百家。撰《漢書》。仕至大中大夫。出《前漢》。

蔡琰

字文姬，陳留人，爲漢中郎將蔡邕之女也。年九歲，邕夜鼓琴，絶絃。女曰：「第二絃也。」邕復故絶一絃問琰，琰曰：「第四絃也。」邕曰：「汝得之耳。」琰曰：「昔吴季札聽樂，知國之興亡；師曠吹律，識南風不競。一絃之音，何足異之？」後漢末人。事出蔡邕之本傳也。

晉明帝

年五歲時，坐元帝膝上。會有人自長安來，元帝因問長安消息。便問明帝曰：「長

【一七】漢武帝亡書三篋　「亡」原作「忘」，據《漢書·張安世傳》改。

【一八】市間所賣書　「間」原作「問」，據史金波等《類林研究》改。

安近？日近？」明帝曰：「長安近。」元帝問：「汝何以知之？」答曰：「只聞人從長安來，不聞從日邊來。」元帝異之。後會群臣，復問之，答曰：「日近。」元帝責之：「何得不同昨日答？」曰：「舉頭見日，不見長安。」

應奉

字世叔，河南潁川人也。少而聰敏。爲兒童時，凡所經歷，莫不闇記。讀書五行俱下。奉曾遊汝潁，至袁賀門，賀不在，有一車師出半面答云：「賀不在。」後十餘年於洛見，猶識之。奉仕郡爲決吏，録囚徒數百人。奉子邵，字仲遠，解集《前漢書》，又撰《風俗通記》，仕至太守。後漢時人。

王粲

字仲宣，山陽高平人也。少時曾與人共讀道傍碑文一遍，同侶謂曰：「卿能暗誦乎？」粲曰：「可。」因而誦之，不失一字。粲又曾與人圍棋，局畢，粲爲覆之。棋者不信，乃以物蓋本局，爲之共相似【一九】，不誤一路。魏初，仕至太傅。事出《魏略》。

楊修

字德祖，爲魏主曹操主簿。與魏主俱至汝南，讀曹娥碑，碑背有八字云：「黃絹幼婦，外孫齏臼。」魏主讀之，不解其義，乃問修曰：「解否？」修曰：「臣略少解。」上曰：「卿若解，且勿言，待朕思之。」行三十里，魏主始得，乃問。修曰：「臣得久矣。黃

【一九】爲之共相似　《三國志·魏書·王粲傳》作「使更以他局爲之，用相比較」。

絹，色絲；色絲『絶』字。幼婦，少女；少女『妙』字。外孫，女子；女子『好』字。齏臼，受辛；受辛『辤』字。」魏主大笑：「卿意如朕意，有智無智，校三十里。」事出《語林》。

黄琬

字孝琰，江夏安陸人。時魏郡日蝕，京師不知。太守上表，詰問所蝕多少，左右莫對。黄琬年六歲，在側，對曰：「日蝕之餘，如月之初。」以其言答。帝得此，知名。仕至太尉。出《前漢》。

徐稚

字孺子，豫章南昌人。與太原郭林宗遊學，同稚還家。林宗庭有一樹，斫伐去之。稚乃問其故，宗曰：「爲宅之法，正方如口。口中有木，『困』字，不祥也，是以去之。」稚難宗曰：「爲宅之法，正方如口，口中有人，『囚』字，豈可居之？」宗默然無對。稚時十一歲。漢時人。

楊氏子

劉劭《幼童傳》：楊氏子，梁國人。九歲，甚聰慧。孔君平詣其父，父不在，乃呼兒出，爲設果。果有楊梅，君平指以示之曰：「此君家果也。」兒應聲即答之曰：「未聞孔雀是夫子家禽。」

夏侯榮

《幼童傳》：夏侯榮，沛國人。幼聰慧，十歲能屬文，誦書日千言，經目輒識。

顧譚

吴郡人。纔弱冠，與諸葛恪等爲太子四友。赤烏中，代恪爲節度。每省簿書，未嘗下籌，屈指心計，盡發疑謬。下吏以此服之。《吴志》。

東方朔

《漢書》：東方朔上書曰：「臣年十三學書，三冬文史足用。十五學劍，十六學《詩》《書》，誦二十二萬言。十九學《孫》《吴》，兵戰之具，鉦鼓之教，亦誦二十二萬言。臣朔已誦四十四萬言。」

贊曰：賢智慧敏，性難與齊。賦之于天，解紛稽疑。
甘羅任相，項託稱師。秦唯樗里，虞其里奚。
指麾巧辯，稱象權宜。守株求劍，吁嗟可嗤。

恭敬篇第二十四

陳瑞

《會稽典録》：陳瑞，字文象。爲縣卒，謙恭敬讓，行惟謹敬。及其仕至二千石，少年童豎拜者，皆正朝服，與之抗禮。若疾不能答，則輒撫頰以謝之。

蘧瑗

孟儀《周載》：衛靈公時，蘧伯玉爲人恭儉篤禮，夜行過公門，必下車。公嘗與夫人夜坐，有車，當闕無聲。公謂夫人：「知車謂誰？」夫人曰：「必蘧伯玉也。」公曰：「何以知之？」夫人曰：「伯玉，衛之篤禮者也【二〇】。夫禮，下公門，式路馬。今車當闕無聲，是下門也。非蘧伯玉，誰能暗行而不廢禮【二一】？」公使人問，果是伯玉。

韓卓

《陳留志》：韓卓敦厚純固，恭而多愛，博學洽聞，好導人以善。過社則起，見生不食其肉。

龐公

《襄陽耆舊傳》：龐公躬耕，妻子相待如賓。休息，則正中端坐不懈。

山濤

《魏國統》：山濤，字巨源。少有大量，在總角之中，耆老宗長見之皆斂衽。

茅容

《後漢》：茅容，字秀雋，陳留人。年四十餘，耕於野。時雨至，與等輩避於樹下。衆皆箕踞相對，容獨危坐愈恭。郭林宗見而奇之。

【二〇】衛之篤禮者也　「篤」原作「爲」，據《春秋戰國異辭》引《周載》改。

【二一】誰能暗行而不廢禮　「暗」原作「牆」，據《初學記》引《周載》改。

張載

字子厚，博學厚重，循謹好禮。弟子數百人。或問曰：「君子尚質，合於禮可也，不必貌恭否？」載舉《論語》：「子遊問孝，子曰：『今之孝者，是謂能養。至於犬馬，皆能有養。不敬，何以别乎？』有子曰：『恭近於禮，遠恥辱也。』子謂子産：『其行己也恭，其事上也敬。』子曰：『巧言令色，足恭，左丘明恥之，丘亦恥之。』子曰：『恭而無禮則勞。』仲弓問仁，子曰：『出門如見大賓，使民如承大祭。』司馬牛憂曰：『人皆有兄弟，我獨無。』子夏曰：『商聞之矣：死生有命，富貴在天。君子敬而無失，與人恭而有禮，四海之内皆兄弟也。』子曰：『小人哉，樊須也！上好禮，則民莫敢不敬。』子曰：『色思温，貌思恭。』子曰：『恭則不侮。』子曰：『居處恭，執事敬，雖之夷狄，不可棄也。』此《論語》所録夫子與群弟子問答也。讀此，則恭敬其可廢歟！」或又曰：「非淺見所知也。敬聞教矣。」

顔琪

《唐史補遺》：顔琪，字君玉，好學篤厚，體貌矜莊。每讀書，必具冠裳。欲稍憩，則必掩書，方解衣。亦未嘗偃仰。所親或諫之，曰：「孔子曰：『居處恭，執事敬。』聖人之戒，其可忽諸？」

顧凝

《世略》：齊人顧凝，字清卿，爲人謹愿。居鄉黨未嘗與人忤。非寢處，不釋冠帶。嘗處一室，友人山陽王逸訪之，見其門掩，以爲晝寢，恐驚其睡，躡足自窗隙窺之，則見清卿於室之中，瞑目端坐，正襟危然。逸笑曰：「所謂君子不欺暗室者也。」

左琳

左琳，孟蜀時爲昭化令。縣瀕江，當驛路之衝，横江有浮橋，壞則計其工役之大小，調橋閫鋪兵不足，則補之以民夫。時橋爲水所斷，發兵民修護，雖有專其職者，以役大，同部使者復委琳共治之。琳每晨往役所，自董役者及卒徒，指使之未嘗不以禮。至於役終，未嘗解冠帶。臨事皆自稱其名，佐貳或勸之，琳曰：「聖人有云：『使民如承大祭。』安有大祭而不具衣冠者邪？」

贊曰：禮之大綱，不離恭敬。肅以衛身，莊以臨敬。
出則謹嚴，處則安静。毋怠毋荒，必中必正。
臨深履薄，維德是競。傲慢弗虔，聖賢所病。

校勘記

卷第五

機巧篇第二十五

葛由

蜀川人。能刻木作羊，走一二里。騎羊上綏山，王侯貴人皆謂仙人。《葛洪傳》。

王恭

亦能刻木作鴟，能飛，與公輸班相類。六國時人。

解飛

能造旃車，左轂致碓，右轂致磑，行十里，磨麥一石，舂米一石。虎鷩，每出將此車隨從。又造鳳陽門，門成，忽有一兜率天人下，見飛，怒曰：「汝在天上犯罪，何在此造門？門畢，還上天！」須臾，因斫木斧脱，傷額而死。鳳陽，乃謂天上有鳳陽門也。出石虎《鄴中記》。

馬鈞

字德衡，扶風茂陵人也。魏明帝時，出意造指南車。又作木人，能緣墻跳梁。令木人舞，開閉門户，舂磨米麥，與人無異。明帝時，官至侍中。

田夫

刻木作小麥，糶者無疑。及磨，乃知非麥。漢時人。

偃師

周穆王時人。縛草作人，以五綵衣之使舞。王與美人觀之，草人以手招美人。上怒，乃殺偃師。

武侯

蜀諸葛武侯多巧思，損益連弩、木牛流馬，皆出其意。注云：「連弩謂之『元戎』【一】，一弩十矢俱發。」木牛載多而行少，宜大用，不可小使【二】，日行二十里。流馬每枚受米二斛三斗【三】。」用以運糧，自蜀之秦。

魯般

《史記》：魯般，魯人，般名。多巧思。撰雲梯以攻宋城，遂克之。

子貢

《世説》：子貢過漢陰，見丈人抱瓮負水以灌園。子貢謂之曰：「不亦勞乎？何不植木，横木其端，使之前重後輕，以汲水，則用力寡而見功多也。」丈人曰：「有機事者，必有機心。吾不爲也。」

【一】連弩謂之元戎　「戎」原作「戍」，據《三國志·蜀書·諸葛亮傳》裴松之注改。

【二】不可小使　「小」原作「少」，據《三國志·蜀書·諸葛亮傳》裴松之注改。

【三】流馬每枚受米二斛三斗　「枚」原作「收」，據《三國志·蜀書·諸葛亮傳》裴松之注改。

鹿皮翁

《列仙傳》：鹿皮翁，淄川人。少爲府小吏，有才巧，舉手能成器械。岑山上有神泉，人不能至。皮翁白府尹，請木工斧斤三十人，作轉輪懸閣，意思叢生。數十日，梯道四間成【四】。上其巔，作茅舍，因止泉旁。

贊曰：純朴既散，從生巧機。權移造化，工造玄微。水分晷刻，銅懸渾儀。養生耒耜，固國城池。洪纖應物，用捨因時。木偶嬉戲，卑哉偃師。

辯捷篇第二十六

王孫滿

《左傳》：楚子至雒，定王使王孫滿勞楚子。楚子問鼎之大小輕重，對曰：「在德不在鼎。成王定鼎，卜世三十，卜年七百，天所命也。周德雖衰，天命未改。鼎之輕重，未可問也。」注：王孫滿，周大夫。

蔡澤

《秦紀》：燕人。蔡澤入秦，使人宣言以感怒應侯曰：「蔡澤，天俊魁顔，所以來者，欲代應侯相秦耳。」澤見應侯，應侯曰：「子嘗宣言於人，欲代吾相秦。有説乎？」對

【四】梯道四間成　「間」原作「門」，據《列仙傳·鹿皮公》改。

曰：「然。」應請聞其説。澤曰：「君何見之晚矣！四時之序，功成者退，方來者進。君禄位貴矣，私家之富皆極矣，不退，將危。臣之代君，不亦宜乎？」

陳登

《魏志》：呂布因陳登而求徐州牧不得而怒，登喻之曰：「登見曹公，言：『待將軍如養虎，當飽其肉，不則噬人。』公曰：『不如卿言。譬如養鷹，飢則爲用，飽則掣去。』」布乃解。

陸士龍

《世説》：荀鳴鶴、陸士龍二人未相識，因會張茂先坐【五】。張公以其并有大才，曰：「二賢相見，何可作常語？」陸舉首曰：「雲間陸士龍。」荀答曰：「日下荀鳴鶴。」陸曰：「既開青雲睹白雉，何不張爾弓，挾爾矢？」張公曰：「荀何遲？」荀曰：「本謂雲龍騤騤，今乃山鹿野麋。獸弱弩强，是以發遲。」一坐撫掌。

晏子

爲齊大夫。景公使聘楚，楚王知其辯捷，故辱之，使人縛一人從殿前過。王佯問之：「此何罪人？」左右答曰：「此齊人也。今之犯盜。」王謂晏子曰：「齊國善盜耶？」晏子答曰：「臣聞江南種橘，江北爲枳，土地使然也。此人在齊不爲盜，來楚爲盜，此土地使然也。」楚王慚而退。

【五】因會張茂先坐　「坐」原作「生」，據《世説新語·排調》改。

張重

字仲篤，日南郡人也【六】。漢明帝時舉孝廉，送京師。正月，朝於德明殿。明帝怪其短小，問曰：「何郡小吏？」重曰：「日南。」帝曰：「日南郡人，應向北看日。」重曰：「臣聞雁門之郡，不見壘雁爲門；金城之郡，不見壘金爲門；雲中之郡，不見中天而居；東海之郡，不見宮室在於水中。臣雖居日南之郡，是向南看日。」帝曰：「卿何小哉？」答曰：「昔子奇十六，爲河東太守；甘羅十二，爲秦相。陛下豈量骨料肉哉？」帝善之。後漢時人。

崔琰

字季珪【七】，清河人。元方爲冀州刺史，舉秀才。琰時年九歲，入其選。元方曰：「不道卿是金枝玉葉，但卿年幼，未合此舉。」琰曰：「昔項託八歲爲孔子師，今之自恨年已過矣。」元方曰：「君與崔杼近遠？」琰曰：「如公與陳恒相似。」崔杼殺齊莊公，陳恒殺齊簡公。

諸葛恪

字元遜，琅邪人也。事吴太子。太子問恪曰：「卿在家何以自娱而肥悦？」恪曰：「臣聞德以潤身，富以潤屋。臣修己而已，非敢自娱。」太子戲恪曰：「吾欲使卿食馬糞。」恪曰：「臣願太子食雞卵。」太子問其故。曰：「所出同一道也。」

【六】日南郡人也　「日」字原缺，參《百越先賢傳·張重》補。

【七】字季珪　「季珪」原作「秀圭」，據《三國志·魏書·崔琰傳》改。

孔融

字文舉，孔子七世孫也。漢桓帝時，潁川李膺爲河南尹，恃才倨傲，每令守門者：「非吾通家子孫，不得輒通。」融年十二，乃造膺門，告守門者曰：「我與李尹通家子孫。」守門者告膺，膺呼融問：「卿與吾有何通故？」融對曰：「臣先孔子，與公先代李老君，同德比義，則融與公累代通家也。」膺大悦，引坐，謂融曰：「卿欲食乎？」融曰：「須食。」膺曰：「教卿爲客之禮：主人問食，但讓『不須』。」融曰：「不然。教君爲主之禮：但置食，不須問客。」膺慚，乃歎曰：「吾將近老死，不見卿富貴也。」融曰：「公未死。」膺問之故。答曰：「鳥之將死，其鳴也哀；人之將死，其言也善。向來公所言，未有善也，是故知未死。」膺奇之。時座中有大夫陳煒，曰：「小時了了，大不能佳。」融謂煒曰：「觀君小時，定當了了。」煒甚踧踖。融後仕至太中大夫。後漢人也。

諸葛仲思

琅邪人。司馬文王謂之曰：「卿名『仲思』，何所思？」答曰：「臣在家思孝，事君思忠。」文王大悦。《蜀志》。

劉道真

沛國人。真少時遭亂，嘗與人牽船。有一婦人在河邊采柴，真嘲曰：「婦女何不調機治杼，而傍河采薪？」婦人答曰：「丈夫何不跨馬揮鞭，而傍河牽船？」真又因田頭共人對食，有一婦人著青衣，攜二子行過。真曰：「青羊將雙子。」婦人曰：「兩豬共一槽。」

刁悖

齊國人。楚襄王遣使聘于齊，齊饗之於梧宫。楚使曰：「大哉梧宫乎！」齊王曰：「大海之魚必呑舟，大國之樹必巨圍。使至何怪焉？」使曰：「昔燕來攻齊，飲馬於淄澠，定樵於琅琊，王太后乃逃于城陽之山。敢問當此之時，梧之大小何如？」王命陳先生對之。先生曰：「臣不如刁悖。」悖至，乃問楚使曰：「使者欲知植梧之始乎？昔楚平王無道，枉誅伍員父兄。員奔吴，吴用爲丞相，興師伐楚。楚昭王懼，出奔隨國。子胥掘平王之墓，鞭平王屍。當此之時，齊植梧之始年。」齊、楚二國由此構怨，舉兵相伐，蓋辯捷之所由。六國時人。出《説苑》。

邊韶

字孝先，陳留人。爲博士，常晝卧。弟子私嘲之曰：「邊孝先，腹便便。懶讀書，晝日眠。」韶乃應之曰：「邊爲姓，孝爲字。腹便便，五經笥。懶讀書，思經事。夢與周公通性，寐與孔子同意。」率爾而對。後漢人也。

郭準

字伯齊，太原陽曲人。魏皇初，漢帝禪位，太原遣使慶賀。準於道遇疾，稽留後至。帝正色責之曰：「昔禹會諸侯於塗山，扶風後至，使被誅。今普天慶賀，而卿最遲，何也？」準對曰：「臣聞堯舜爲政，先教導化民以德；夏后爲政，衰始用刑。今臣幸逢唐堯虞舜之世，自知免於扶風之誅。」文帝大悦，拜準爲冀州刺史，封射亭侯。出《魏志》。

伊籍

字機伯，山陽高平人也。蜀主劉備使籍聘于吴，吴主孫權知籍才辯，故遣逆折其詞。籍始見權，權即曰：「卿事無道之君，乃勞乎？」籍即應聲而對曰：「臣始拜一起，未爲勞也。」出《蜀志》。

張裔

字君嗣。蜀主劉備時，爲益州太守。郡人雍闓反，縛裔送吴。後遣鄧芝使吴，因求裔還。吴主謂裔曰：「蜀卓氏之女奔司馬相如，貴土風俗何得貴乎？」裔對曰：「卓氏之女，猶賢於買臣之妻。」權有慚色。出《蜀志》。

秦宓

《蜀志》：秦宓，字子勑【八】，緜竹人。孫權使張温聘蜀，因問宓曰：「天有頭乎？」曰：「有。」「在何方？」曰：「在西方。《詩》云：『乃眷西顧。』以此知之。」温曰：「有足乎？」宓曰：「有。《詩》云：『天步艱難。』若無足，何以步之？」温曰：「天有耳乎？」曰：「有。《詩》云：『鶴鳴九皐，聲聞于天。』又曰：『天處高而聽卑。』若無耳，何以聽之？」曰：「天有姓乎？」曰：「有，姓劉。其子姓劉，父子豈異姓乎？」温

【八】字子勑　「勑」原作「整」，據《三國志・蜀書》改。

大敬伏之。

諸葛恪

字元遜，琅琊人。吴主孫權時，爲郎中。蜀遣費禕聘吴，吴大會群臣，知禕至，乃勑群臣曰：「蜀使至，卿等勿起。」乃引禕入，臣等皆不起，食啖如故，吴主一人爲輟食。禕嘲曰：「鳳皇來翔，麒麟吐哺。驢騾無知，復食如故。」恪乃應聲答曰：「爰植梧桐，以待鳳皇。是何燕雀，自稱來翔。何不彈射，勿使還鄉。」

恪父瑾

爲豫州刺史，遣別臺安【九】，瑾乃謂別駕曰：「小兒頗解清談，即至臺，可與共語。」別駕至，張昭在座，見恪，因呼：「咄咄郎君！」恪答曰：「豫州亂矣，何咄咄之矣？」別駕曰：「君明臣良，未聞兵亂。」恪曰：「昔唐帝在上，四凶在下。別駕自四凶，亦有丹朱之患。」昭無以應。事出《世說》。

荀爽

《世說》：荀爽，字鳴鶴，陸士龍二人未相識，見前云云。

吴主孫皓

字元宗【一〇】，即鍾之玄孫也。晉伐孫皓，皓降晉。晉武帝封皓爲歸命侯。後武帝大會群臣，時皓在座。武帝問皓曰：「朕聞吴人好作汝語，卿試爲之。」皓應聲起【一一】，

【九】遣別臺安　《世説新語》原文作「遣別駕到臺」。

【一〇】字元宗　「元宗」原作「孫賓」，據《三國志·吴書》改。

【一一】皓應聲起　「起」原作「曰」，參史金波等《類林研究》改。

【一二】上汝一杯酒令汝壽萬春　「上汝一杯酒」「令」「壽萬」八字原缺，據《世説新語·排調》補。

因勸帝酒曰：「昔與汝爲鄰，今與汝作臣。上汝一杯酒，令汝壽萬春【一二】。」座衆皆失色，帝悔不及。出《語林》。

陳琳

字孔璋，廣陵人也。初事袁紹，後河北與曹操争强，各欲輔漢帝，使琳作檄檄操。後紹敗，琳乃歸操。操謂琳曰：「卿往日爲袁紹作檄，檄但直毀一身，何乃上及祖父？」琳曰：「矢在弦上，不得不發。」操善其捷，釋之。後漢人。

由余

西戎人，使於秦，秦穆公以甘泉誇之，問由余曰：「子國有此宫室乎？」由余答曰：「臣國宫殿，土階三尺，茆茨不翦，寡君猶以作之者勞，居之者逸，豈有此宫室乎！」

魏武曹操

起銅雀臺新成，悉令諸子作此臺賦。第二子東阿王曹植賦最善。第三曹彪不解作賦，操責之曰：「今富貴之際，不學文章，豈是人乎？」彪對曰：「大丈夫當執兵爲將，滅賊以取功名，何能區區爲博士乎！」魏武賞之，拜彪爲驃騎將軍。事出《魏志》。

謝安

東晉時爲太傅，因集諸子弟講書。俄而雪下，太傅欣然曰：「白雪紛紛何所似？」猶子朗對曰：「散鹽空中乍可擬。」安女道藴曰：「未若柳絮因風起。」出《世説》。

桓玄

字信迺，沛國龍亢人也。晉時爲郡公，與荆州刺史殷仲堪語次，二人遂相爲嘲。玄曰：「火燎平原無遺燎。」堪曰：「投魚深泉放飛鳥。」次復危言，玄曰：「矛頭淅米劍頭炊，百歲老翁攀枯枝。」堪曰：「井上轆轤臥小兒。」晉末安帝時人。事出《語林》。

贊曰：子貢之辯，出乎聖門。轍環數國，口無擇言。傾僉邪佞，田慎儀秦。喪人之國，刀鋸其身。究觀其弊，本乎不仁。辟乎楊墨，孟軻之倫。

隱逸篇第二十七

老子

《史記》：老子見周之衰，乃去。至函谷關，關令尹喜曰：「子將隱矣，强爲我著書。」老子爲述上下篇，言道德之意五千餘言而去。後莫知其所終。

荷蓧丈人

《論語》：齊人饋女樂，季桓子受之，三日不朝。孔子行。子路從而後，遇丈人以杖荷蓧。子路問曰：「子見夫子乎？」丈人曰：「四體不勤，五穀不分，孰爲夫子！」植其杖而芸。子路拱而立。止子路宿，殺雞爲黍而食之。明日子路行，以告。子曰：「隱者

【一三】人用才以識真所保其年「真」原作「其」，據《晉書·隱逸傳》改。

也。」使子路反見之，至則行矣。

孔稚珪

《齊春秋》：孔稚珪，字德璋，知止足，隱居不仕。宅南有山池，春月多鳴蛙。王晏鳴鼓吹候之。群蛙適鳴，晏曰：「此蛙殊聒人。」德璋曰：「我聽君鼓吹，不及此蛙。」

孫登

字公和，汲郡莘人。於郡北山土窟而居，夏則編草爲裳，冬則被髮自覆。好讀《易》。阮籍詣之，聞嘯聲響振山谷，謂嵇康曰：「火用光在於得薪而全其曜，人用才以識真所保其年【一三】。子今才多識寡，難乎免於今之代矣。」

董京

字威輦，不知何郡人。至洛陽，被髮而吟，常宿白社中【一四】，答孫楚詩云：「人以獨處爲嫉，我以爲歡。清流可飲，至道可食也【一五】。」

夏統

字仲卿【一六】，會稽人。宗黨勸之仕，統曰：「屬太平之時，當與元凱評議出處；遇濁代，念與屈生同汙共泥【一七】。若汙隆之間，自當耦耕沮溺，豈有辱身曲意於郡府之間乎【一八】？」

贊闕

【一四】常宿白社中　「白社」原作「自村」，據《晉書·隱逸傳》改。

【一五】至道可食也　「道」原作「之」，據《晉書·隱逸傳》改。

【一六】字仲卿　按《晉書·隱逸傳》，統字仲御。

【一七】念與屈生同汙共泥　「與」原作「以」，「同汙共」原作「閒話其」，據《晉書·隱逸傳》改。

【一八】自當耦耕沮溺豈有辱身曲意於郡府之間乎　「自」原作「日」，「當」後十六字原缺，據《晉書·隱逸傳》改。

方術篇第二十八

王仲都

漢中人也。漢元帝時好方術，徵仲。仲既至，帝問所能。曰：「能忍寒熱耳。」於是仲都著單衣，乘駮馬，冬遊昆明池。從者狐裘，患寒不立，仲獨無寒色。帝留仲都至夏，坐仲都於日中，面前置火，全不言熱。事出王充《論衡》。

甯封子

黃帝時，爲洲闕【一九】，遂得史仙，能出五色煙。事具《神仙傳》。

葛仙翁

名玄，字公【二〇】。曾與衆客冬月坐，時天寒，公曰：「居貧無炭火，今請與子致一火。」於是四顧嘯呼，須臾火滿屋，衆人皆熱。公又能叱飰爲蜂螫，與真蜂不殊。收蜂入口，還成白飰。公後隱會稽比邪山【二一】，憑几學仙數十年，乃棄几乘雲而去，化爲白鹿，三足，合郡人多見。後漢人。

蒯子薰

不知何許人。漢末入市【二二】，投主人家停，其驢忽死。時夏月，蛆從驢口出。主人見之，乃白薰。薰曰：「無。」遂往驢邊，舉杖，驢走起。後漢人。

【一九】爲洲闕　按《列仙傳》，此處作「爲陶正」。

【二〇】字公　按《神仙傳》，葛玄字孝先。

【二一】公後隱會稽比邪山　「比」當爲「若」之誤。

【二二】漢末入市　「末」字下原衍「隱安帝駕」四字，據《太平御覽》卷九〇一刪。

郭璞

字景純，嘗欲得他人家美婢。不得，乃作數百鬼圍婢家，主人大怖，乃問璞。璞曰：「汝家有婢爲災，可於三十里外賤賣之，鬼應去矣。」婢主依其言貨之，璞買得之，鬼怪遂滅。

單道開

燉煌人。日行七百里。鄴中佛圖澄見，與言，不能對。澄曰：「此道士觀國之王亡，若去，當有大亂。」後南度，果鄴中大亂，如澄之言也。

王嘉

字子年，隴西人。姚萇與苻登相持，問嘉曰：「吾得殺苻登否？」曰：「略得之。」萇怒，斬之。及萇死，萇子字子略，果殺苻登。嘉死後，又有於隴上見之。先時，釋道安謂嘉曰：「世故方殷，可以行矣。」嘉曰：「卿先行，吾負債，未果去。」俄而釋道安亡【一三】，而嘉被戮而亡，所謂負債耳。

沙門涉

西域人。苻堅時大旱，使涉請雨。俄時，龜下鉢中，天大雨也。

鳩摩羅什

天竺人。其母是龜兹國王妹。什在母胎，惠解倍常。及年七歲，出家受經，日誦千

【一三】俄而釋道安亡　「道安」原作「公道」，據《晉書·王嘉傳》改。

偈。又著《實相論》二卷。姚興迎入西明閣逍遙園【二四】，興謂什曰：「何可使法種少嗣？」遂以妓女十人，逼令受之。乃則立解舍。諸僧多倣之。什乃取針盈鉢，引諸僧曰：「若能倣此，乃可蓄室。」因進針，與常食之不別。諸僧慚服，乃止。林度丘尼在鼓城，聞什在長安，曰：「吾與此子戲三百年。」什死，姚興依外國法焚屍，薪滅形辟，唯舌不爛。

沙門曇霍

不知何許人，從何來。持一錫杖，令人跪曰：「此杖若能奉之，可以得道。」

贊曰：技術之藝，古亦多方。令威獨鶴，左慈群羊。
咒詛之妙，藥石之良。竹龍奮舉，紙月騰光。
枕中宧學，空外霓裳。一時遊戲，萬古名揚。

相徵篇第二十九

王珪

《唐書》：王珪始隱居，與房玄齡、杜如晦善。母李，嘗曰：「兒必貴，但未知所與遊者何如人，試與俱來。」會玄齡等過其家，李窺，大驚曰：「二客公輔才也，而與之遊，兒貴必矣！」

【二四】姚興迎入西明閣逍遙園　「興」原作「甚」，據《晉書·藝術傳》改。下同。

司馬懿

《三國志略》：司馬懿，字仲達，少有奇才。仕魏，曹操聞其有狼顧相，使前行，令反顧，面正後而身不動。

桓温

晉桓温初生時，父彝與温嶠友善。嶠見之曰：「此兒有奇骨，試觀其啼。」温啼，嶠曰：「真英物也。」

越椒

《左傳》：楚司馬子良生子越椒，子文曰：「必殺之。是子也，熊虎之狀，豺狼之聲，弗殺，必滅若敖氏。」

蔡澤

《史記》：蔡澤，燕人。于諸侯不遇，從唐舉相。舉視之曰：「先生昌鼻巨肩，吾聞所不相者，殆先生乎！」澤知其戲己，曰：「富貴吾自有，所不知者壽也。」舉曰：「從今以往，四十三年。」澤笑謝而去，謂其僕曰：「躍馬食肉，四十三年足矣。」

周亞夫

《世家》：周亞夫，封條侯。初，許負相之曰：「君後三歲而侯，爲將相，後九歲而餓死。」亞夫笑曰：「臣之兄已代父侯，何説侯乎？既已侯，何説餓死？指示我。」負指其口曰：「有從理入口，此餓死法也。」

尉繚

大梁人。尉繚曰：「秦王謂始皇爲人蜂準長目，鳥膺豺聲，少恩而虎狼心。居約易出人下【二五】，得志亦輕食人。不可與久遊。」乃亡去。

叔向

晉大夫。向至周，見靈王太子，謂太子曰：「形貌骨法，與世殊類。却後三年，不復人間。」後乃入嵩山。經十年，太子見桓曰：「語我家人，七月七日待我於緱氏山。」時果乘白鶴往嶺，舉手謝時人而去。

許負

秦始皇時，諸侯并起爲逆。與高祖相薄姬，爲夫人，而生文帝，封負爲雎亭侯。

單文

呂公，字單文。漢高祖未遇時，呂公見之曰：「君貴有天下，臣有一女，願爲箕帚之妾。」高祖遂納之。

龍泉

漢桓帝時，京師豪貴、郡守，皆自龍泉相之。

【二五】居約易出人下　「居」原作「君」，「出人下」三字原缺，據《史記·秦始皇本紀》改。

喬玄

字翁相，梁郡睢陽人。見曹操，相曰：「天下將亂，安民之主，其在君乎！」

吕后

微時共惠帝在田，有一老人行過，見吕后，曰：「夫人，天下貴人也。」又見惠帝，謂后曰：「夫人貴由此兒。」老人去後一里餘，后以言告高祖。高祖逐而問之。老父曰：「向者見夫人、兒子，貴者皆由君起。君之相不可言也。」高祖曰：「誠如老父之言，不敢忘德。」高祖定天下，及惠帝、吕后悉如老父之言耳。

許邵

字子將，汝南平輿人也。善知人之鑒。曹操未貴時，邵相曰：「清平之姦賊，亂起之英雄。」操大笑，深然其言。邵竟不仕，避亂江左，卒於豫章。後漢人。

朱違

沛國人。善相人貴賤卑壽長短，無不效驗。文帝使違平相己年命長短，違曰：「陛下年三十九當有厄，若過此厄，年壽大長。」後文帝至三十九遇疾而崩。文帝將出外，御馬脱，始以裁備，違曰：「此馬須臾當死。」及欲上馬，馬惡帝衣香，齧帝膝。帝怒，遂刺殺其馬。皆如違之言。出《魏志》。

張裕

蜀郡人。曉明相術。每照鏡，自知刑死，未嘗不撲鏡於地。後在蜀，與先主劉備坐，爲言語不遜，遂斬之。出《蜀志》。

郭璞

字景純，河東人。少時在路，見一跳足小兒，遂下馬，脱體上青絲布袍與之。小兒怪問，璞曰：「吾命當在爾手中。」於是别。十餘年，仕晉中書侍郎，晉大將軍王敦誅璞。璞死之日，乃是昔與袍小兒行刑也。

唐舉

有蔡澤，魏人也，請舉相。謂澤曰：「有相分。」於是入秦，乃代張禄爲丞相。六國時人。

贊曰：道之與貌，天之與形。淳龐重厚，壽考康寧。
龍顔隆準，日角天庭。見于神彩，貴不可名。
豺聲蜂目，禍患相仍。苟能擇術，相非所徵。

仁友篇第三十

柳宗元

《唐書》：柳宗元與劉禹錫坐交王伾事，宗元貶知柳州，禹錫貶播州。播極僻遠，宗元以禹錫母老，播遠，非所以便於養老奉親者，作奏，願以柳易播。會大臣有言於上，禹錫得内遷。

管仲

字夷吾，潁川人也。少與鮑叔牙爲友。二人行賈南陽，至於分財，常與叔牙多，自取少。後俱仕齊。齊獻公生襄公、公子糾、公子小白。糾即魯之外甥，小白即莒之外甥。管仲傅子糾，叔牙傅小白。兄襄公卒，二弟争位，遂使交戰。管仲射小白，中鉤，小白佯死。叔牙齧指取血，以塗小白鉤帶。子糾謂小白已死，便還魯。欲擇吉日而入齊，宫人遂奏小白，先爲齊君，是爲桓公。魯人懼齊，殺子糾，囚管仲。桓公曰：「寡人甘心焉。」叔牙謂桓公曰：「若欲治國，可任高傒、臣等足矣；若欲服天下，非夷吾不可。」桓公遂迎夷吾入齊，官以上卿。輔佐桓公，九合諸侯，一匡天下，蓋夷吾之功也。出《史記》。

羊角哀

與左伯桃爲友，二人聞楚王賢，俱往仕之。至梁山，路失逢雪，糧食乏少，去楚千里，計不俱全。伯桃遂併糧與角哀，桃乃入樹中而死。角哀仕楚，楚王用爲上卿，然後收葬伯桃。伯桃墓迫荆軻將軍墓，角哀夜夢見伯桃，告之曰：「我日夜爲荆將軍所伐，子可救我。不援，吾必爲荆將軍所虜。」羊角哀驚覺流涕，遂從楚王請兵，鳴鼓奮劍，往擊荆將軍墓，未知勝負。角哀自刎而死。六國時人。出《列士傳》。

蘇秦

洛陽人也，少與魏人張儀爲友。蘇秦遊説六國合從，以蘇秦爲相。張儀爲仕，楚王亡珠玉，謂儀所盜，榜拷二百，放儀逐歸。時蘇秦在趙爲相，張儀至趙，聞秦爲相，使人白。秦以檄止之，令儀於城東門外，坐以破馬韉上，進麤食。張儀乃憤，西上秦國。蘇秦令舍人密賫金於路，與儀作路資，不令儀知。儀至秦，王聞儀到，用爲客卿。秦昭王善儀之説，又拜爲丞相。賫金者乃見張儀，曰：「舍人是蘇秦使者，密遺將金與作徑路。今既達矣，請辭而去。」張儀仰天歎曰：「馬韉之事，乃至是乎！」遂厚禮之，以報蘇秦。六國時人。出《戰國策》。

王陽

字縣軌【二六】，京兆人。陽少與貢禹爲友，陽入仕，貢聞之，彈冠待之。王遂薦貢禹。漢成帝之後，召貢爲太中大夫。世稱「王陽入仕，貢禹彈冠」。前漢人。

【二六】字縣軌　按此出《漢書·王吉傳》，王吉，字子陽。

蕭育

字次君，東海蘭陵人。少與朱博爲友，著聞當世，人稱「蕭朱結綬，王貢彈冠」。二人并至二千石。前漢人。

雷義

字仲公，豫章人。與汝南陳重爲友。時人爲之語曰：「膠漆自謂堅，不如雷與陳。」二人俱至郡守。漢人。

趙岐【二七】

字邠卿，京兆長陵人。仕郡爲功曹。中常侍唐衡弟衒爲京兆都尉，岐爲功曹，每侵之，衒常懷怏怏。唐衡聞之，遂奏漢靈帝。靈帝遷衡爲京兆太守，衡遂收岐家屬，將託以重罪誅之。岐亡走，更姓名，至青州賣胡餅。時北海孫嵩，字賓石，乘獨車遊於市中。遥見岐，呼至與語。岐懼是衡親屬，惶恐色變。孫嵩因謂岐曰：「視子之貌，非賣餅也。見問而色動，子不有重怨，則當亡命。我北海孫賓石也，闔門百口，能令於君。」岐遂以實告之。嵩於是載岐上車同歸。嵩白母曰：「今得死友。」將岐上堂，拜母訖，然後置於覆壁中，密自供給。二年，唐衡被誅，諸唐悉皆破滅，岐遂得出。至洛陽，朝廷舉岐，詔拜太僕。岐因説嵩行義，嵩由是顯名，仕至豫州刺史。岐卒，嵩爲行朋友之服焉。後漢末時人。事出《魏書》。

【二七】趙岐　「岐」原作「歧」，據《後漢書·趙岐傳》改。下同。此條出《後漢書》。

孔嵩

字仲山，南陽人也。少與潁川荀彧未冠時共遊太學【一八】。彧後爲荆州刺史，而嵩家貧，與新野里客傭爲卒。彧時出見嵩，下駕執手曰：「昔與子摇扇，俱遊太學，今子爲卒，吾亦痛哉。」彧命代嵩，嵩以傭夫不去，其歲寒心若此。嵩後三府累請，辭不赴。後漢時人。出《語林》。

華歆

與管寧、邴原爲友，三人號爲「一龍」，歆爲頭，寧爲尾，原爲足。漢末遭亂，原、寧二人避地遼東，歆爲豫章太守。及魏氏代漢，歆爲司徒，讓位于寧，辭不受，于原，原竟不往而卒。出《世説》。

嵇康

字叔夜，譙國人。康與東平吕安爲友，每一相思，輒千里命駕。晉時人也。

贊曰：古人尚友，擇斯以仁。濟其患難，推以恩親。
推惠貴普，博施惟均。分衣推食，託孤撫貧。
愛同血屬，義等天倫。堂堂張也，尚愧斯人。

【一八】少與潁川荀彧未冠時共遊太學　按此出《後漢書·范式傳》，《册府元龜·獨行》述其事，言「與山陽范式爲友」。

友人篇第三十一

范式

字巨卿，山陽人【二九】。與汝南張元伯爲友。元伯病，病中告其母曰：「我與巨卿爲友，命終之日，待巨卿來，然後葬我。」語訖便死。其夜，巨卿夢元伯告曰：「吾已某日死，某日葬，子幸臨我。」巨卿遂著素衣，乘白馬，往赴之。元伯靈柩至葬日，家人舁之不動，其母曰：「當有所待。」須臾，遥見一人素衣乘白馬，行哭而來。執紼引柩，葬畢而回。後漢人。

王濟

字武子，太原人。與同郡孫子荆爲友。武子病卒，子荆來弔，據靈牀哭畢，乃曰：「君平生好驢，合爲君作驢鳴。」乃發聲。賓客皆笑。子荆怒曰：「諸君不死，令我武子死！」賓客又笑。須臾之間，或哭或笑焉。

吴祐

吴祐，字季英，後漢陳留人。太守冷宏召補文學，見而異之，擢舉孝廉。時公沙穆來遊太學，無資糧，乃變服客傭，爲祐賃舂。與語，大驚，遂共定交於杵臼之間。祐後爲河間相【三〇】，自免歸，隱居不仕，灌園蔬以爲業。

【二九】山陽人　「陽」原作「國」，據《後漢書・范式傳》改。

【三〇】祐後爲河間相　「河間」原作「州問」，「相」字原缺，據《漢書・吴祐傳》改。

貢禹

《前漢》：王吉，字子陽，與貢禹彈冠，言其取舍同也。彈冠，入仕也。

周瑜

吴周瑜推道南大宅以舍孫策，與之爲友，升堂拜母，有無通共，時人皆羡慕之。

贊曰：同門曰朋，同志曰友。道以相傳，義以相授。

戒夫鄙薄，取夫淳厚。玉尚琢磨，金資鑄鏤。

經理誦説，文詞研究。性習相成，共期不朽。

卷第六

貞潔篇第三十二闕

賢女篇第三十三篇首闕

漆室女

漆室之女，魯國人。過時未嫁，倚柱而嘯。鄰婦曰：「何嘯之悲，子欲嫁邪？」女曰：「非也。我憂魯國君老而太子幼也。」婦曰：「乃大丈夫之憂也。」女曰：「不然。昔客舍予，客馬逸，踐予葵，使予終歲不飽葵。鄰女奔水，兄追之，逢水溺死，使予終身無兄。予聞：『河潤九里，滛加三百步。』今魯國有患，父子君臣被辱，婦人可獨安？何所避之！」

贊曰：賢婦懿恭，謹身執禮。孝養舅姑，調和妯娌。截髮待賓，斷機教子。酒食具供，非儀曷以。宗族稱揚，鄉閭贊美。彤管爲書，增光女史。

女禍篇第三十四

驪姬

《史記・晉世家》：驪姬謂太子申生曰：「君夢齊姜，速祭，歸釐於君。」太子於是祭其母齊姜於曲沃，上其胙于公。公時出獵，置胙於宮中。驪姬使人置毒藥胙中。二日，公還。宰人上胙，公欲饗之，驪姬止之曰：「胙來遠，宜試之。」祭地，地墳。與犬，犬死。與小臣，小臣亦死。姬泣曰：「太子何忍也！其父而欲弑而代之，況他人乎！」太子聞之，奔新城。公誅其傅杜原款。或曰：「爲此藥，驪姬也。何不自明？」太子曰：「吾君老矣，非驪姬，寢不安，食不甘。」或曰：「可奔。」太子曰：「被此惡名，人誰内我？」遂自殺。

崔杼

《齊史》：崔杼生子成及彊，其母死，取東郭女，生明。東郭女使其前夫子無咎與其弟偃相崔氏。成有罪，二相急治之，立明爲太子。成、彊怒，告慶封。慶封與崔杼有郤，欲其敗也，助成、彊殺無咎及偃。於是崔杼家皆奔亡。崔杼怒，無人，使一宦者御見慶封。慶封曰：「請爲子誅之。」使崔杼仇盧蒲嫳攻崔氏，殺成、彊【一】，盡滅崔氏。崔氏婦自殺。崔杼無歸，亦自殺。

【一】殺成彊　「彊」原作「偃」，據《左傳・襄公二十七年》改。

陳靈公

《陳世家》：靈公與大夫孔寧、儀行父通夏姬，衷其衣以戲。於是泄冶諫曰：「君臣淫亂，民何效焉？」靈公以告二子。二子請殺泄冶，公弗禁，遂殺泄冶。靈公與二子飲於夏氏，公戲二子曰：「徵舒似汝。」二子曰：「亦似公。」徵舒怒，罷酒，伏弩射殺靈公。二子奔楚。徵舒，夏姬子也。

石崇

晉石崇愛妾名緑珠，善吹笛。孫秀使人索之，崇時在金谷，從妓數人登凉臺，使者以告。崇盡出婢，皆藴蘭麝，被羅縠，曰：「任選。」使者受命，取緑珠。崇勃然曰：「緑珠余所愛，不可得也。」使者曰：「君侯博古知今，宜加三思。」崇固不然。使者回報秀，秀勸趙王倫殺崇。崇正宴樓上，介士到門。崇謂緑珠曰：「我爲汝得罪。」緑珠曰：「請先效死於君前。」因自投樓下而死。收崇，詣東市。歎曰：「奴輩利余財。」行刑者曰：「知財爲害，何不早散之！」遂被誅。

唐明皇

楊貴妃智算警敏，迎意輒悟，恩寵聲焰震天下，雖命婦公主，不敢與抗。臺省州縣，請託奔走，期會過於詔敕。兄國忠爲相，領四十餘使，處决樞務，自任不疑。帝惑嗜慾，不顧天下成敗。安禄山反，以國忠爲名。帝幸蜀，妃子縊于馬嵬，國忠爲亂兵所殺，争噉其肉且盡。諸子姊妹皆死。

贊曰：世衰道微，重色輕德。政移寵嬖，禍生肘腋。始也專權，終於亡國。冶容誨淫，滅身殄族。麗華玉樹，緑珠金谷。以勵後人，戒之毋忽。

醫藥篇第三十五

桑田巫

晉人也。景公病，召桑田巫問之。答曰：「不得食新麥。」及麥熟，王強令刈之，令宰人作食。未食，腹脹如厠，遂於厠中而死。周時人。出於《左傳》。

扁鵲

姓秦，名越人，字少齊，渤海人也。初見齊桓公，曰：「君有病。」公不應。後又見之，曰：「公有病，乃可治之。」公曰：「卿欲治無病之人，以求其功。」後又見公，越便走。公數日病發，召越，越曰：「初見公，病在皮膚，針灸所及；再見公，病在血脈，湯藥所及；今見公，病入骨髓，司命亦無所奈何。」後數日，桓公乃崩。

盧醫

秦人也。晉悼公遇疾，因使人至秦求醫。秦遣盧醫往治。未至，悼公夢見二豎子自相謂曰：「秦良醫至，必傷我等。」一童子曰：「若居膏之上，肓之下，針灸不及，湯藥不下，其那我何？」明日，醫至，悼公命視病。醫曰：「病在膏肓之上下，針灸、湯藥不及。此病難治也。」悼公曰：「此真良醫也。」遂厚禮遣之。周靈王時人。出《史記》。

文摯

齊人也。齊威王病發，使召文摯。摯至，謂太子曰：「王病，怒即愈。王若即殺臣，奈何？」太子曰：「無慮。我當救之。」文摯於是稽首。不時來見王，及來，不解履而登牀。帝大怒，使左右拖下殿，令鑊煮之。皇后及太子叩頭請救。王怒遂解，赦摯，因此病愈。六國時人。出《史記》。

董奉

宫人也。時交州刺史杜燮中毒藥而死，奉以太一散和水，沃燮口中，須臾乃甦。燮自説初死時，有一專門，直至一處，内燮於土窟中，以土塞之。俄頃，聞太一使至，追杜燮。遂開土窟，杜燮得出。後漢人。

華佗

字元化，沛國譙郡人。善養生之術。廣陵太守陳登患胸中煩滿，面赤不食，使人請佗。佗曰：「府君胃中有蟲欲成，蓋腥物所爲之。」乃作湯，令登服之。遂吐三升許蟲，蟲頭皆赤，半身猶是生鱠。佗曰：「此病必更再發，若值良醫，乃可救之。」後果發，佗時不在，病發而卒。魏初人。《魏志》。

四家

劉歆《七略》論醫之方技，有四家：有醫經家，有方術家，有房中家，有神仙家。

郭玉

《後漢》：郭玉，廣漢人。初，有老父釣於涪水，因號「涪翁」。著《針經脈法》，弟子程高尋求積年，翁乃授之。玉師事高，學方訣，後爲太醫丞。

王纂

《異苑》：宋元嘉中，有張氏女宿廣陵廟門下。夜有物假作其婿來。女遂自是昏亂如狂。海陵王纂能療邪鬼，召之。纂候其夜，始下一鍼，有一獺從女被下走出，遂愈。

郭太醫

《後漢》：太醫丞郭玉，療貴人，時或不驗。帝問其故，對曰：「有四難：爲自用，不任臣，一難；將身不謹，二難；骨節不强，三難；好逸惡勞，四難。」帝善之。

關羽

《蜀志》：關羽常爲流矢所中，每陰雨，所中臂輒痛。使醫療之，醫曰：「刮骨去毒，然後可。」時羽方與賓客飲燕，使治之。醫乃剖肉見骨，去其毒。臂血流漓，羽神色不變，飲啖談笑自若。

華佗

《華佗别傳》：河内太守劉勳女左脈裹瘡癢，迎佗使治。佗以繩繫一犬於馬後足，馬牽犬，犬困不能行，因取斷腸向瘡口。須臾，有若蛇者從瘡口出，而遂愈。

郭玉

廣漢人。後漢帝時爲侍郎。爲人善别脈，知人生死。帝令童男衣女子之衣，詐言其病，使玉診脈。曰：「此女雖言病，據脈狀陽盛陰弱，臣謂非女。」帝善之，遷玉五官郎將。

贊曰：人命所繫，醫明藥良。部分清濁，經絡陰陽。色脈難素，砭艾明堂。望氣識證，隨宜處方。縱臻神聖，不治膏肓。凡百君子，務先自防。

卜筮篇第三十六

東方朔

字曼倩，平原厭次人。漢武帝時爲大中大夫。時取守宫出覆盆下，令《易》博士射之，皆莫能中。朔在側，乃曰：「少讀《周易》，請爲陛下射之。」於是布卦於地。朔曰：「臣謂是龍，又無角；謂是蛇，又有四脚；謂是跂伯，跂伯善緣壁。非是守宫，即是蜥蝪。」帝善之，賜朔帛二十匹。時有郭舍人曰：「朔偶中，請陛下更取一物合於盆下，令朔再射。若中，榜臣一百。朔若不中，賜臣匹帛。」帝令取桑中寄生覆之，令朔射之。朔布卦説曰：「生肉爲膾，乾肉爲脯；著樹爲寄生【二】，盆下爲窶藪。」帝大笑，乃榜郭舍人，復賜朔帛。漢人。

管輅

清河太守徐季龍取十三種物，合安篋中，命輅射之。輅曰：「篋中者籍有十三種物。」一一名之，唯以梳爲桃，謂蠶爲蝎也。魏時人。

淳于智

魏郡人，善卜筮。同郡人張本母遇重病，乃命張本就智卜之。布卦已，謂本曰：「君速歸家，至南門外放聲大哭，待家中老小出盡即已。一人不出，勿止。」張本如其言，還家，至門大哭。家人聞聲驚怪，大小出扶病母盡出。其堂北間忽然崩。本母病乃愈。晉時人。

鄒忌

《戰國策》：鄒忌爲齊相，田忌爲將，不相悦。鄒忌以告公孫閈。閈使人操十金於市，詣卜者曰：「我田忌人也。吾嘗三戰三勝，威震天下。欲舉大事，亦吉否？」既而鄒忌使人捕卜者，而驗其辭於王前。田忌遂出奔。

【二】生肉爲膾乾肉爲脯著樹爲寄生　此十三字原作「内爲膾乾外爲寄生」，據《漢書·東方朔傳》改。

孔子

《家語》：孔子嘗自筮，得《賁》，愀然不悦。弟子曰：「《賁》，吉卦也。夫子色有不平，何也？」孔子曰：「山下有火，賁，非正色也。」

子貢

《家語》：孔子使子貢往外而未至，使弟子筮之，得《鼎》。皆言「無下足，不來」。顔回掩口而笑曰：「無足者，乘舟來也。」子貢果來。

晉惠公

《左傳》：晉惠公在梁，梁伯妻之。梁嬴孕過期，卜招父與其子卜之。其子曰：「將生一男一女。」招曰：「然。男爲人臣，女爲人妾。」故名男曰圉，女曰妾。及子圉西質於秦，女爲宦女焉。

邾文公

《左傳》：邾文公卜遷于繹史，曰：「利於民，而不利於君。」文公曰：「苟利於民，孤之利也。民既利矣，孤必與焉。」遂遷。

管輅

字公明，平原人。嘗至郭恩家，碓上鳩鳴。輅謂恩曰：「明日當有老人將豚一口，從東來候。公舍有小口傷，亦無所苦。」明日果有親知老翁，擕豚餽恩。恩命酒，兼射雞爲饌逆之。箭射著小女子脚，舉家惶怖，竟無所害。又有人失婦【三】，就輅卜。曰：「君但只於路覓擔豬人，乃逐之。」行次，豬忽脱繩走，入他舍，突破主人瓮，其婦乃出看豬。遂擒之。

贊曰：卜以元龜，筮從蓍草。從違是占，吉凶隨兆。
術既精研，應惟玄妙。有感必通，有祥必告。
發乎誠心，合乎至道。過曆之期，德斯可造。

占夢篇第三十七

黃帝

少時夢乘龍上天，後即於帝位也【四】。

晉侯

與楚戰，夢楚王在上，文公在下。文公懼之，以問左右。左右對曰：「楚王在上而伏向下，君王在下仰面于天，天將助矣。君明日與楚戰，楚必敗。」出《左傳》。

江淹

字文通。少夢一人授五色筆，因而文章日新。後十餘年，又夢一人，自稱郭璞，謂淹曰：「前者借君筆，今可還矣。」淹夢中還之。自還後，文章日退，時人稱淹才盡矣。

【三】又有人失婦　「失」原作「先」，據《太平御覽》卷九〇三改。

【四】後即於帝位也　「也」原作「與」，據《永樂大典》本改。

帝堯

少時夢天而舐之，俄而帝摯崩，堯乃踐位。

殷湯

少時夢以手撥天而上【五】，後升帝位。

漢高祖

後納薄姬，姬乃夢龍繞其腹。及覺，便説之高祖，曰：「此吉夢也。」後生成王，即文帝也。

王濬

爲巴郡太守，夢梁上懸三刀，復益一刀，濬惡之。主簿解之曰：「三刀爲州，餘益一刀，君當爲益州刺史。」後果然。晉時人。

苻融

善斷獄，又能占夢。時有一書生妻被人殺，以告融。融問曰：「君有夢否？」書生曰：「發日，夜夢乘馬傍水行，向北又向南，一廂濕，一廂乾。又見天上一日，水中一日。夢乃如此。」融曰：「乘馬近水行，馮字也。又向南行走，離，離爲中女。又向北行，北爲坎，坎爲中男。此是男女相姦之狀。天上日，水中日，上有日，下有日，此是昌字。必是馮昌殺汝妻。」融問曰：「同邑有馮昌乎？」生曰：「有。」乃收馮昌詰之，云先與妻通，本

【五】少時夢以手撥天而上　「上」原作「王」，參史金波等《類林研究》改。

意殺生，誤殺其妻。昌乃伏罪。

丁固

夢井中生桑，以問趙直。直曰：「桑者，四十八字。君壽不過四十八年。」後卒，果然。蜀人。

龔遂

字少卿，山陽昌邑人也。昌邑王即漢武帝李夫人之子也。昭帝崩，大將軍霍光迎昌邑王即皇帝位，而王無德，信用讒黨。王夢見青蠅，蠅矢積毀東西治。王問龔遂，曰：「《詩》云：『熒熒青蠅，止于番。愷悌君子，無信讒言。』而左右讒佞衆多，陛下察之。」王不改。在位二十七日，霍光廢之，乃立宣帝。出《前漢》。

楊雄

字子雲，蜀郡人。漢武帝命雄作《甘泉賦》，雄用情竭思，夜夢五臟出外，以手取之。及覺，氣委，因病而死。前漢人所論。

傅毅

字武仲，北海人。漢明帝時爲侍郎。明帝夢金人，身長丈六尺，有紫金色，在殿前而過。帝問群臣，傅毅曰：「西方有聖人，名曰佛，此必其神乎。」居數日，西國有胡僧獻經象而至。《後漢書》。

郭賀

字喬卿，廣漢人。汝南蔡茂，明帝時爲廣漢太守，召賀爲主簿。茂在郡，夜夢見殿上有一穗禾。茂取得中穗，因又失之。茂以問賀。賀曰：「大殿者，朝府之形象。極位而有禾，人臣上位。取得中穗，是中台之位。得禾而失，爲乃得禄秩也。」居旬日，茂被召爲司徒。後漢人。出《後漢書》。

程昱

字仲德，東郡濮人也。少時事魏王曹操。昱本名立，曾夢兩手捧日而行，因説與操。操曰：「卿終爲吾股肱心腹也。」操遂於「立」上安「日」爲「昱」，因此名焉。昱仕至兖州刺史。《魏志》。

蔣濟

字子通，楚郡平阿人也。魏文帝時爲太尉。濟有子亡，經十年，其妻夜夢見亡兒告之曰：「在地下屬太山，辛苦不可言。今領軍府南有孫阿者，太山府君欲爲録事。願母屬孫阿，使某得樂處。」其母驚覺，涕泣告濟。濟爲人剛强，初不信。至明夜，又夢兒還，如前言，復告濟。濟召阿至，乃述夢中囑阿。阿曰：「諾。如之言，地下與君方便。」經旬日，阿病卒。後數日，其妻還夢見亡兒來曰：「某地下乃得孫阿太山録事力也。」魏時人。事出《列異傳》。

周宣

字孔利，樂安人。善卜夢。魏文帝夢磨錢，文欲滅而更明。帝問宣，曰：「陛下意有不平，初欲除之而不得已，心復止。」是時文帝欲害東阿王，而遇太后。帝又問宣曰：「朕昨夜夢見殿宇瓦墮地，化爲雙死鴛鴦。此何謂也？」宣曰：「後宫當有暴死者。」言未已，黄門奏宫人相殺。帝曰：「朕初不夢，何得徵驗？」宣曰：「夢者，意有所欲，亦如夢焉。」文帝拜爲中郎。出《魏志》。

嵇康

字叔夜，譙國人。少得白日夢，見人身長一丈，告康，自稱：「我黄帝伶人，骸骨在公舍東三里林中，爲人發露，乞爲葬埋，當厚相報。」白骨脛長三尺，遂收葬之。夜至半，復夢見長人來，授《廣陵散》曲。夢中受得，及覺，撫琴而作，其聲甚妙，都不遺忘。高貴公時，康爲中散大夫，爲鍾會所讒，司馬文王誅之。事出《異苑》。

趙直

蜀人。先主時，巴郡蔣琰夢見門前有一牛頭，流血滂沱，以問趙直。直曰：「牛角及口，公字。血者，事明也。此夢吉，君仕至公。」後如其言。出《蔣琰傳》。

羅含

字君常，襄陽人。少時夢五色鳥入口，及覺，心中如吞物，意謂之不吉。叔母解之曰：「五色鳥入口者，有文章貌。汝後必有文章。」於是才藻日盛。晉時，仕至侍中。出《羅含列傳》。

陶侃

字士衡，丹陽人。少時夢見身上生翼，飛捫天門，已過八重，唯有一重不至。後果牧八州都督。若及九重，當得天下。晉初爲太尉。出《異苑》。

慕容垂

既辭苻主，徑向鄴城。既已將發，苻主悔恨，遣兵在草藉，伏而邀之。慕容垂在道，夜夢孔子墓八墳，已解又相連。及覺，甚惡之，以語左右。左右曰：「孔子名丘，八字者亦是丘下有八，乃『兵』字也。必底有伏兵待我。」垂於是從他道而去，乃得免難也。

傅説

《尚書》：高宗夢得説，使百工營求諸野，乃審厥象，俾以形，旁求于天下。説築傅巖之野，惟肖。爰立作相矣。

楚子玉

《左傳》：楚子玉自爲瓊弁玉纓，未之服也。先戰，夢河神謂己曰：「畀余，余賜女孟諸之麋。」弗致也。子西諫，弗聽。曰：「死而利國，猶或爲之，况瓊玉乎！是糞土也。」弗聽。出，曰：「令尹不勤其民，實自敗也。」既敗，王責之，及連穀而死。

鄭文公

《左傳》：鄭文公有妾曰燕姞，夢天使與己蘭，曰：「以是爲而子。以蘭有國香，人服媚之。」既而文公與之蘭而御之，辭曰：「妾幸而有子，將不信，敢徵蘭乎？」公曰：「諾。」生穆公，名之曰蘭。

聲伯

《左傳》：聲伯夢涉洹，或與己瓊瑰，食之，泣而爲瓊瑰盈懷，從而歌之曰：「濟洹之水，贈我以瓊瑰。歸乎歸乎，瓊瑰盈吾懷乎！」懼，不敢占。三年後，占之曰：「無傷也。」言之日暮卒。

曹人

《左傳》：哀公七年初，曹人或夢衆君子立于社宫，而謀亡曹；曹叔振鐸請待公孫彊，許之；旦而求之曹，無之。戒其子曰：「我死，爾聞公孫彊爲政，必去之。」及曹伯陽即位，好田弋，曹鄙人公孫彊好弋，獲白雁獻之，且言田弋之説，説之有寵，使爲司城以聽政。夢者之子乃行。彊言霸説於曹伯，曹伯從之，乃背晉而奸宋。宋人伐之，晉不救。宋人以曹伯歸。

豎牛

《左傳》：昭公四年，穆子去，及庚宗，遇婦人，私，爲食而宿焉。夢天壓己，弗勝。顧而見人，黑而上僂，深目豭喙，號之，曰：「牛！助之！」乃勝。後歸，既立，所宿庚宗婦人獻雉，問其姓，曰：「余子長矣。」召見之，則所夢也。問其名，曰：「牛。」遂使爲豎，有寵。使爲政。穆子田於丘蕕，遇疾，牛用讒殺其長子，又讒其次子，逐之。疾急，人饋之食。豎牛曰：「夫子不欲見人。」使置食于个。豎牛弗進，卒以餒死。

秦繆公

《封禪書》：秦繆公病臥五日，不寤。既寤，乃言：「夢見上帝，帝命我平晉亂。」史書而記之。而後世皆曰繆公上天。

孔子

《家語》：孔子晨興，謂子貢：「吾夢奠於兩楹之間，吾其死矣。」於是負杖而歌曰：「泰山其頹乎，梁木其壞乎，哲人其萎乎。」是年孔子卒。

秦文公

《封禪書》：秦文公夢黄蛇自天而下屬地，其口止於鄜衍【六】。文公問史敦。敦曰：「此上帝之徵，君其祠之。」於是作鄜畤，用三牲。

鄧通

《史記》：鄧通，蜀郡人，爲黄頭郎。文帝夢欲上天，不能，有一黄頭郎從後推之而上。見其衣後有穿。覺，而以所夢陰自求之。通乃夢所見，遂貴幸之。

【六】其口止於鄜衍　「衍」原作「畤」，據《史記・秦本紀》改。

唐明皇

《遺史》：唐明皇在藩邸，嘗之故舊家。食未具，寢於閣。主人出，見黃蛇食藤，少頃蛇下，入明皇臥榻下，遂不見。及覺，云：「適飢甚，食藤花良美。」

賀知章

唐賀知章事明皇，爲秘書監，自號「四明狂客」，晚節尤放誕。天寶初，夢遊帝居。及寤，遂請爲道士歸鄉里，以宅爲千秋觀，表求官湖爲放生池。詔賜鏡湖一曲。

令狐策

晉人。夢立冰上，與冰下人語。索紞曰：「以上爲陽，下爲陰，爲陽語陰，媒介事也。冰泮而昏成。」會太守田豹因策求張公徵女爲婦，仲春而成婚。《三十國春秋》。

贊曰：心思所存，夢魂斯兆。嵩岳降靈，傅巖惟肖。
丁固生松，魏顆結草。熊則珪璋，鳳斯文藻。
扁謝膏肓，晉疑鹽腦。惟聖惟仁，與齡難老。

異識篇第三十八

張華

字茂先，范陽人也。晉惠帝時爲司空。時燕昭王墓前有一斑狸，積年能爲幻化。墓前有華表木，亦知未來之事。此狐狸遂語華表曰：「視我之貌，得見晉帝否？」華表曰：「視汝貌妙解無窮，但張司空知度，恐難牢籠。子勿去，非但喪子千金之質，亦當誤老夫矣。」狐狸遂變作書生，年十五六，童顏總髮，往見張華。華使人引進，共坐飲酒，談論百家，采摭三皇五帝，華無應聲屈伏。華曰：「天下乃少有也。若非鬼魅，當是狐狸。燕昭王墓前華表，以應千年。得此木燒火，照之可變矣。」華遂遣人往取華表，空中得一青衣小兒，將向京師。去洛陽二十里，變爲枯木。燃之以照此書生，便化爲老狸。因即殺之。又有人寄陸機鮓，機訝甚異，因餉張華。華曰：「此龍肉也。」機時不信。華曰：「以苦酒濯之，當有異也。」便以酒濯之，即有五色之彩。機乃問其鮓主，鮓主答曰：「家有稻積，發之，得一白魚。魚長三尺，乃作鮓，所以奉獻。」時人皆伏張華之博識也。晉惠帝時，有鳥毛墮地，長一丈，帝以問華。華曰：「此名海鳧毛。此毛落，天下當崩亡瓦解。」後惠帝崩，懷帝立，石勒作亂，逼於洛陽，懷帝南遷，愍帝在長安陷於胡賊，天下大亂，皆如華之所言也。

龐儉

字元約，魏郡人。年數歲，遭亂相失。儉後長成，鑿井得銅錢千萬貫。買得蒼頭老奴，使主牛馬。儉母在堂作樂，奴在廚，乃竊言曰：「堂上母是我妻也。」婢聞，遂告儉母。母呼問其事由，緣乃亂時相失，符合夫妻，抱頭而哭。然後命新婦拜阿翁，還復夫妻父子如初。時人謂之曰「鑿井得銅，買奴得翁」。後漢人。出應劭《風俗通》。

茂先

《晉史》：張華，字茂先。嘗有人墮枯井中，見從旁一穴，其人乃入穴行，忘遠近。或見宮室甚麗，庭院中多大羊，其髯上有大珠。其人復出，以問張華，曰：「此地仙九館。羊號『癡龍』，其珠可食。」

塞翁

《馬融傳》：塞翁失馬，人皆弔之。叟曰：「何詎不爲福？」居久之，其馬將駿馬而歸，人皆賀之。曰：「何詎不爲禍？」家有子好騎，墮而折髀，人皆弔之。曰：「何詎不爲福？」居數年，胡夷大入寇，丁壯皆控弦，塞上之人死者十九，此獨以跛之故，父子得相保。

贊曰：性同天賦，識則殊倫。見於未兆，察於未成。
曼倩銅鳩，孔聖祥麟。萍浮楚水，劍躍平津。
時危則隱，道泰求伸。夫惟明哲，永保其身。

列女篇第三十九

張茂妻

陸氏。茂爲吴郡太守，被沈充所害【七】。陸氏傾家産，率部曲，爲先登以討充也【八】。

【七】被沈充所害　「充」原作「无初」，據《晉書·列女傳》及下文改。

【八】爲先登以討充也　「登」字原缺，據《晉書·列女傳》補。

尹虞二女

虞爲始興太守，討杜弢。戰敗，二女爲弢所獲，將妻之。二女曰：「我二千石女，終不爲賊作婦。」并遇害，終不易其志也。

陜婦人

不知姓氏。嫠居，事叔姑甚謹。其家欲嫁之，婦乃毀面自誓也【九】。

韋逞母

宋氏。家世儒素，其父授以《周官》音義。苻堅敗，禮樂修明，乃就宋立講堂，置生一百二十人，絳紗幔受業，號「宋宣文君」，世稱「韋氏宋母」。

苻堅妻

毛氏。善騎射。堅爲姚萇所殺，苻毛氏猶彎弓，與壯士數千人戰。

張天錫美人

閻氏、薛氏并有寵。天錫疾，謂曰：「吾死後，豈可爲人妻，皆請效死，誓無他志。」天錫疾篤，二人自刎。

慕容垂妻

段氏，字元妃。少而婉惠，常謂妹曰：「我望不作凡人妻。」妹字季妃，曰：「妹終不作庸人婦。」垂稱燕，納元妃爲繼室。僞范陽王德聘季妃，并如其言。及垂立寶爲太子，

【九】婦乃毀面自誓也　「面」原作「而」，據《晉書·列女傳》改。

元妃曰：「太子資質雍容，柔而不斷，承平爲仁明之主，處難非濟世之雄。陛下託之見其美。」垂曰：「汝欲扶我爲晉獻公乎？」元妃退，告季妃曰：「范陽王有非常氣度，若燕祚未終，其在王乎？」寶即位，使自裁。妃曰：「汝尚殺母【一〇】，安能保社稷！」遂自殺。後皆如其言矣。

段豐妻

慕容德女。僞署平原公主。年十四歲，適豐。豐被殺，謂侍婢曰：「忠臣不事二君，貞女不事二夫。」遂縊而死。

呂纂妻

楊氏。有義烈。夫爲呂超所殺，超將妻之。其父告之，楊氏曰：「大人適女與氐，以圖富貴。一之已，其可再嫁乎！」女乃自殺而死。

贊曰：女行能全，終於貞烈。不爲柔存，寧蹈剛折。性馥芝蘭，志清冰雪。利不可回，勢不可媟。三從不違，四德罔缺。爲世楷模，標名史牒。

【一〇】汝尚殺母　「殺」原作「役」，據《晉書·列女傳》改。

卷第七

文章篇第四十

劉蛻

唐劉蛻《梓州兜率寺文冢銘序》云：「文冢者，長沙劉蛻復愚爲文【一】，不忍去其草，聚而封之也。蛻愚而不銳於用，百工之技，天不工蛻也【二】，而獨文蛻焉。故飲食不忘於文，晦冥不忘於文，悲戚怨憤、疾病嬉遊、群居行役，未嘗不以文爲懷也。當勤意之時，不敢嚏，不敢唾，不敢咳，不敢跂倚。嗜欲躁忿，忘之於心。其祇祇畏畏，如臨上帝。嗚呼！十五年矣，實得千一百八十紙。卜於火，如秦兆，惟曰不吉；卜於水，不成乎河洛兆，則亦惟曰不吉；卜於木而悶悶，土協吾。當既不爲吾用，惟速化爲百工之用。含非珠玉，斂無裙襦。其冢也，在莽蒼之野、大塊之丘。銘曰：文乎文乎，有鬼神乎？風水惟貞，將利其子孫乎！」

唐求

唐唐求喜吟詠，撚藁爲丸【三】，貯以大瓢。臨死，投於江中曰：「苟不沈没，得之者

校勘記

【一】長沙劉蛻復愚爲文　「沙」原作「安」，據《唐文粹》改。

【二】天不工蛻也　「不」原作「下」，據《唐文粹》改。

【三】撚藁爲丸　「撚」原作「檢」，據《唐詩紀事》改。

方知吾苦心耳。」遂投之流。至新渠，有識者曰：「此唐山人詩瓢。」收，詩遂傳。

孫綽

晉孫綽，字興公，太原人。博學善屬文。嘗作《天台山賦》，辭致甚工。初成，以示友人范榮期云：「卿試擲地，當作金石聲也。」榮期曰：「恐此金石非中宮商。」然每至佳句，輒云：「應是我輩語！」

劉安

《西京雜記》：淮南王安著《鴻烈》二十一篇。鴻者，大也；烈者，明也。言大明禮教。自云「字字皆挾風霜」。楊子雲以爲，一出一入，字直百金【四】。

左思

晉左思，字太沖，少博學。欲作《三都賦》，乃詣著作郎張載，訪臨邛事。遂構思十年，藩溷皆著紙筆。偶得一句，便書記之。後徵爲秘書郎。

梁鴻

後漢梁鴻，字伯鸞，賢而好屬文，嘗作《五噫》之歌。

鄭虔

《唐書》：鄭虔坐私撰國史，責十年。還京師，玄宗愛其才，欲置左右，以不事事，更爲置廣文館，以虔爲博士。虔聞命，不知廣文曹司何在，訴宰相。宰相曰：「上增國學，

【四】一出一入字直百金　此八字原作「又出一人」，據《西京雜記》改。

置廣文館，以居賢者，令後世言廣文博士自君始，不亦美乎？」虔乃就職。

張華

《晉書》：阮籍見張華《鷦鷯賦》，稱歎曰：「此王佐之才也！」

梁竦

後漢梁竦徂南土，歷江湖，悼子胥、屈原以非辜死，乃作《悼騷賦》，繫于石沈江中。顯宗愛其才，詔還鄉。

張衡

後漢張衡，字平子，嘗思圖身之事，以爲吉凶倚伏，幽微難明，乃作《思玄賦》，以宣寄情志。

裴廷裕

梁裴廷裕文書敏捷，人號爲「下水船」。太祖受禪，姚洎爲學士。上問及廷裕行止，洎對曰：「頃歲左遷，今聞旅寄衡陽。」上曰：「頗知其人構思甚敏。」洎對曰：「向在翰林，人號爲『下水船』。」太祖應聲謂曰：「卿便是『上水船』。」洎深有慚色。

荀卿

楚人也。春申君黄歇用爲蘭陵令。作《筆賦》曰：「非綵非帛成文章，非日非月天下光。匹夫隆之即爲聖，諸侯隆之定四方。」

漢武帝

愛李夫人。夫人亡，帝自作挽歌曰：「秋風起兮白雲飛，草木黄兮雁南歸。蘭有芳兮菊有菲，思佳人兮不可依。泛樓船兮濟汾河，横中流兮揚素波。簫鼓鳴兮發棹歌，歡樂盡兮哀情多。」

劉向

字子政，高祖從父兄楚王劉交之後。漢成帝令作《勳鑪辭》曰「嘉以正器，巉嵒若山。實貫太華，承以玉盤」云云，辭多不録。向仕至大中大夫。

漢成帝

班婕妤作《團扇詩》曰：「新織齊紈素，潔白如霜雪。裁爲合歡扇，團團似明月。出入君懷袖，動摇微風發。常恐秋節至，凉飆奪炎熱。棄捐篋笥中，恩情中道絶。」

陳思王

曹植，字子建，魏武帝少子。建安十四年造銅雀臺新成，帝共諸子同遊，各命爲詩。子建年十二，援筆成，其詞曰「從明君之嬉遊，登層臺以娱情。太極即廣望，關西遥洛京」云云，詞多不録。後兄文帝心忌子建，欲害之，乃命七步成詩，詩不成，必當加刑。子建應命，詩曰：「煮豆燃豆萁，探豉取其汁。萁在竈下燃，豆在釜中泣。本是同根生，相煎何太急。」文帝默而不言。

宋玉

楚人也。有口辯。事襄王，王遊於蘭臺之上。王謂左右曰：「能爲大言賦者乎？」大夫唐勒曰：「壯士憤兮絶天維，北斗戾兮太山夷【五】。」宋玉曰：「方地爲輿，圓天爲蓋。彎弓挂扶桑，長劍倚天外。」王曰：「善！」賜玉上卿。六國時人。出《宋玉集》。

李陵

字少卿，隴西成紀人也。祖父廣，文帝時代郡、雲中二太守。陵以名家子，武帝時，以大郡良家子爲羽林郎。後轉爲建章監，領步騎五千，北討匈奴。陵衆寡不敵，遂降匈奴。匈奴封爲左效王。陵未降之前，蘇武先在匈奴，匈奴囚之，使武牧羊。及陵至，武得還國。陵贈武五言詩十六首，其詞曰：「二凫俱北飛，一凫獨南翔。我獨留斯館，子今還故鄉。一別秦與胡，會見何詎央【六】。幸子當努力，言笑莫相忘。」前漢人。出《臨川王集》之中。

司馬相如

字長卿，蜀郡成都人也。少與鄒陽牧羊。客遊於梁，孝王以賓禮待之。相如作《子虛賦》。後鄉人楊得意爲漢武帝省監，夜誦《子虛賦》，帝聞之，歎美曰：「恨不得見此人！」得意曰：「此臣邑人也。」帝令召相如。相如至，帝與言，奇之。相如乃作《上林賦》奏武帝。帝善之，拜相如爲武騎常侍，遷中郎將。今《上林賦》是也。武帝陳皇后

【五】壯士憤兮絶天維北斗戾兮太山夷　「憤」原作「類」，「戾」原作「恢」，「夷」原作「移」，據《古文苑》卷二改。

【六】會見何詎央　「何詎央」原作「誰何殃」，據《藝文類聚》卷二九改。

失寵，處在長門。陳后聞相如才，購百金，乃命作《長門賦》以風帝。其辭曰「夜恍惚而夢想，若君王之在傍」云云。賦奏，帝覽之感悔。今《長門賦》是也。文多不載。相如死後，帝遣人至家中收書，唯得《封禪》一卷，餘無書。出《前漢》。

曹大家

姓班，名昭，字惠姬，徐令彪女也。曹世叔之妻，生子穀。世叔早棄，子復喪没，年十九寡居，作《女誡》八篇。其詞曰：「生男如狼，猶恐如尪；生女如鼠，猶恐如虎。清閨中節，潔齋酒食，以待賓客，婦德也；浣濯衣裳，整頓邊幅，婦功也。」詞多不載。漢明帝召之入後宮，馬后從大家受《孝經》【七】《論語》《詩》《易》等，尊而不名，號即「大家」。後漢時人。出《集林》。

杜篤

字季雅，京兆杜陵人也。坐事繫獄。光武時爲大司馬，帝使諸文士作誄文，季雅于獄中作之，誄文最高。帝乃賜帛免刑。事出《後漢》。

陳琳

字孔璋，廣陵人也。善爲檄文，漢獻帝時，曹操秉政，南陽張繡反，曹公令琳檄之。是時曹公患頭風，因看琳檄，遂差。公曰：「愈我疾也。」賜琳練帛。出《魏志》。

【七】漢明帝召之入後宮馬后從大家受孝經　此十六字原作「漢明帝與馬后召之入後宮從大家受孝經」，參《後漢書・列女傳・曹世叔妻》改。

阮瑀

字文瑜，陳留尉氏人也。事魏主曹公。韓遂之隴右，曹公因出行，令瑀馬上作書與韓遂。瑀具草即成，乃呈曹公。公索筆欲改，無下筆之處。出《魏志》。

庾闡

字仲初，潁川人也。作《楊都賦》【八】，未成，去妻。後更娶謝氏，使於午夜以燃鐙於瓮中。仲初思至，速火來，即爲出鐙，因此賦成，流於後世。宋時人也。

淮南王

漢淮南王安，好讀書鼓琴，不好弋獵。常朝武帝，令作《離騷》，旦受詔，食時便上。又著《中篇》八卷，言神仙黄老之術。

贊曰：文章貫道，琢磨乃成。日星雲漢，焕然彰明。《詩》傳雅頌，《書》歌載賡。褒揚休功，紀述太平。繡紋霞綺，玉價金聲。播之千古，騰耀飛英。

感應篇第四十一

苻堅

《載記》：苻堅升平元年僭位，號大秦天王。五年，鳳皇集於東闕。堅與王猛、苻融

【八】作楊都賦　「楊」原作「陽」，據《文選》改。

議赦于露堂，悉屏左右。堅親爲赦文，猛、融供進紙筆。須臾有一大蒼蠅入自牖，鳴聲甚大，集于筆端，驅而復來。俄而長安市人相告曰：「宮中將大赦。」有司以聞。堅駭，謂融、猛曰：「禁中無耳屬之理，事何從泄？」於是出外使窮推之，咸言有一青衣小兒，大呼於市曰：「宮令放赦！」忽不見。堅悟曰：「其昔者蒼蠅乎！聲狀非常，吾已惡之。」

黎景逸

唐貞觀中，黎景逸居空青山，飼一鵲，甚馴熟。景逸被誣下獄，有鵲於氣樓中下視景逸，喜噪，似語「有赦」。官詰其日，又似語「三日當至」。已而果然。景逸清脱後有人云，赦前路逢一玄衣素衿人，云有赦，乃知鵲也。

孫叔敖

楚孫叔敖爲兒時，出見兩頭蛇，殺而埋之。歸而泣，其母問其故，叔敖曰：「聞見兩頭蛇者死，兒出而見之，懼死耳。」其母曰：「蛇今何在？」叔敖曰：「恐他人復見之，兒殺而埋之矣。」母曰：「吾聞有陰德者，必有陽報。汝不死矣。」後爲楚相國。

燕丹

《春秋後語》：燕太子丹使荆軻刺秦王，事敗，秦王怒，興兵虜燕丹入秦，拘留久之。丹求歸，秦王曰：「烏頭白，馬生角，放汝歸。」太子丹至館舍仰而歎，烏頭白；俯而呼，馬生角。秦王聞而異之，遂放還。

文公

晉文公出遊，見大蛇當道，以爲不祥。退而修德，恭謹自責，放罪人，布恩惠。未經旬日，左右夢天使殺蛇，責之曰：「汝何故當明君之路乎！」遂使人視之，果蛇死。文公曰：「禍不及福，信有之然。」

夷齊

孤竹君之二子也。各讓其國，而來仕周。周武王伐紂，夷、齊諫不從，遂去，隱於首陽山，不食周粟，采薇而食。時王摩子入山難之曰：「君不食周粟，而隱周山，食周薇，奈何？」二人遂不食薇【九】，經七日，天遣白鹿乳之。得數日，夷、齊私念此鹿肉食之必美，鹿知其意，不復來。二子遂餓死。

夏禹

爲舜司空，代父治水有功，天賜玄珪，以告成功。禹又曾渡河，黄龍負舟。禹曰：「吾戮力爲百姓，龍何爲也？」及拔劍斬之，龍掉尾而去。

鄒衍

事燕惠王盡忠，左右讒之，乃仰天而歎感。夏五月，天爲降霜也。

杞梁

齊人也。齊莊公襲莒，杞梁戰而死。其妻孟姜向城而哭，城爲之崩。一云秦始皇時，

【九】二人遂不食薇　「食」原作「人」，據《尚史》引《列士傳》改。

杞梁築城而死，其妻乃哭，而城崩。

田真

京兆人。兄弟三人，二親没，遂欲分居。家資財物并分訖，唯庭前有一紫荆樹，經宿忽枯死。兄弟相泣，謂曰：「樹而如此，何况人乎！」遂不分。前漢人。

歐默

黄帝時人也。家有五曜神珠。無男【一〇】，有三女，各嫁諸侯。默病，臨終謂左右曰：「可投神珠於南海中。吾死後，三女若來，可以語之。」及默將死，而三女奔赴，問父左右曰：「五曜安在？」曰：「投南海矣。」女俱往號哭，其珠爲之浮出。女等取之而歸。出《閔像傳》。

朱亥

大梁人也，隱於屠肆。是時秦王遣使召魏公子無忌，無忌不肯行，募求堪使報秦王。夷門監侯嬴謂無忌曰：「市屠肆之中有朱亥者，賢人也。此人堪遣使秦。」無忌大喜，乃乘車至市，就屠中訪亥，同載而歸。無忌令亥奉璧，往謝秦王。王大怒，置亥於虎圈中，使虎食之。亥大怒，髮上衝冠，張目叱之，群虎見之，伏不敢動。秦王大驚，遂禮遣之。秦王，即始皇也。時六國競興，魏公子無忌爲信陵君，令五國之兵攻秦，獲秦五城。出《太史傳》。

【一〇】無男　「無」原作「於」，據《琱玉集》卷一二改。

王業

字子香【一一】，陳留雍丘人也。漢和帝時，爲荆州刺史。卒，送喪還鄉，忽有白虎一頭宿其側，入境内而迴。荆州民嘗立碑，號曰「荆州白虎王君陳留終於此」。後漢人。出《陳留耆舊傳》。

曹娥

會稽上虞人也。父漢桓帝元嘉二年投江而死，不獲其屍。女乃沿江而哭，七日七夜，其聲不絶，亦投江而死。後三日，其女抱父屍俱出，家人乃收葬之。郡人爲立碑於江上。後漢人。出《會稽典録》。

荀倫

河内人也。晉時爲東陽太守。是時郡治甄城，倫弟儒北省舅氏，乘凍躡虚没命，求屍不得。倫乃修牒河伯，一宿，其屍抱牒而出也。

王平

楚州盱眙人也。父母俱亡，平造塼。值天大旱，井泉昏竭。平乃一身十里輦水，孝感上天，天忽霧起，須臾之間，於竈邊水泉湧出，便足俱用。宋時人。出《宋書》也。

吴文章

陳留人，遭亂世，兄伯武相失二十餘年。忽一日相遇於下邳，因市相鬭。兄伯武毆文

【一一】字子香　「香」原作「春」，據《陳留耆舊傳》改。

章，文章怒，欲報之，心中惻愴，手不能舉，自怪而問之，乃是兄伯武也。漢時人。出應劭《風俗通》。

臨江王

閔王名榮，漢景帝之長子也。初立爲太子，後廢爲臨江王，更立東膠王徹爲太子。太子即武帝也。閔王至國二年，坐侵廟壖地，被徵還京【一二】。臨發，車軸折【一三】。江陵父老泣曰：「車軸折，吾主不反也。」到長安廷尉所，王恐，自殺。葬於藍田，有鵲數萬枚，銜土置冢上。百姓見而憐之。藍田，在長安東四十里。前漢人。出《漢書》。

贊曰：神道至隱，感而遂通。順則福應，逆斯禍鍾。
善言出口，千里初同。凶德萌心，一家相攻。
事親思孝，入仕思忠。佇看獲報，餘慶無窮。

【一二】坐侵廟壖地被徵還京　「侵廟壖」原作「假貫」，「徵」原作「放」，據《漢書·景十三王傳》改。

【一三】車軸折　「軸」原作「轉」，據《漢書·景十三王傳》改。

報恩篇第四十二

知罃

《左傳》：晉人歸楚公子穀臣與連尹襄老之尸于楚，以求知罃，楚人許之。王送知罃曰：「子其怨我乎？」對曰：「二國治戎，臣不才，不勝其任，以爲俘馘。執事不以釁鼓，使歸即戮，君之惠也，又誰敢怨？」王曰：「然則德我乎？」曰：「二國求紓其民，兩釋纍囚【一四】，以成其好。二國有好，臣不與及，其誰敢德？」王曰：「子歸，何以報我？」對曰：「無怨無德，不知所報。」王曰：「雖然，必告不穀。」曰：「以君之靈，纍臣得歸晉，君以爲戮，死且不朽。若免之，使嗣宗職，及於戰事，帥偏師以遇執事，竭力致死，無有二心，以盡臣禮，所以報也。」王曰：「晉未可與争。」重爲之禮而歸之。

晉文公

《世家》：晉文公圍曹，入曹，數之以不用釐負羈，而用美女乘軒者三百人。令軍士毋入釐負羈之家，以報其盤飧寘璧之德。

蘇秦

《史記》：蘇秦相六國，過雒陽，散金賜親友。初，秦之燕，貸人百錢爲資。及得富貴，以百金償之，遍報所嘗見德者，莫不百倍酬之。

孟嘗君

《史記》：孟嘗君舍人魏子收邑入，三反而不致一。問之，曰：「有賢者，竊假與之，以故不致入。」君怒，而退魏子。居數年，人或毁孟嘗君於齊湣王，言孟嘗君將爲亂，孟嘗奔。魏子所與粟賢者上書，言孟嘗君不作亂，請以身爲盟，遂自剄於宫門以明之。湣王驚而踪跡驗問，果無反謀，乃復召孟嘗君。

【一四】兩釋纍囚　「兩」原作「而」，據《左傳·成公三年》改。

豫讓

《史記》：豫讓，晉大夫，智伯之臣。趙襄子殺智伯，以頭爲飲器。讓乃變姓名，入宮塗厠中，懷匕首以刺襄子。襄子如厠，心動，搜獲而赦之。後又漆身爲癩，吞炭成啞，使形狀不可知，候襄子出，伏劍橋下。襄子至橋，馬驚，曰：「必是豫讓。」搜得，數之曰：「子事范中行氏，智伯滅之，不報，何報我之深也？」讓曰：「范中行以衆人遇我，我故以衆人報之。智伯以國士遇我，我以國士報之。」因請襄子衣，挾劍三躍而擊之，曰：「可以地下報智伯矣。」遂伏劍而死。

靈輒

齊人也。晉大夫趙盾出遊，於桑下見一餓人，盾乃傾壺飧以哺之。曰：「君何人也？」餓人曰：「我是齊人，姓靈名輒。遊學三年，今欲歸去。糧食乏盡，不能前進。」盾更遺之食，遂得歸，爲晉靈公守門者。盾以直諫靈公，公欲殺盾。盾乘車，公先令人脱車輪，乃呼獒齧盾。盾車無輪，靈輒乃扶車輪而行。盾既免難，問之，輒曰：「我便是昔日桑下餓人也。」

魏顆

晉大夫魏武子之子。武子有愛妾，武子初患疾，敕顆曰：「吾死之後，可嫁此妾。」及疾重，又曰：「吾死之後，可以殺此妾殉葬。」武子死，顆計曰：「從父始言，以嫁此妾。」後顆爲將，與秦戰。秦將杜回陣欲相接，見一老人在陣前結草，回躓而倒，軍大敗。顆夜夢一老人語顆曰：「我是汝嫁妾之父，故結草相報也。」

隋侯

姓祝，字元陽。往齊國，見一蛇在沙中，頭上血出。隋侯以杖挑於水中而去。後回，還到蛇處，乃見此蛇銜珠來到隋侯前，放珠去。隋侯意不敢取，是夜至家宿，忽夢中脚踢一蛇，便驚起，乃見雙珠在足前矣。

漢武帝

出遊昆明池，見一魚張口向帝。帝取之，乃見口中有鉤，因爲脱而放之。帝後遊昆明池，此魚乃銜珠而報之。

伍員

字子胥。楚平王誅其父兄，捕求子胥。胥乃急奔吴，於路飢困，至溧陽之水，見一女子水邊浣衣。子胥往投乞食，女子問其由，子胥以實告之。女子因饋飯一盤。食之訖，胥囑女子曰：「慎勿洩前言。」遂辭而去。可行數步，回顧，見女子投水而死。及胥往吴爲相，吴王闔閭使胥將孫武等伐楚，大破之。楚昭王奔陳。胥慕求女子家，欲報之百金，不知其處，遂投金於水中而去。吴軍去後，女子母行泣來至水中，取金而去。周景王時人。見《史記》。

翟母

大梁人。漢高祖與項羽戰，軍大敗，高祖急走，投於延鄉。鄉有翟母，母遂藏高祖，高祖得免其難。後項羽滅，高祖定天下，乃封翟母於鄉，以報其恩。今陳留封丘城是。前漢初人。出《陳留風俗記》。

蒯參

出見一鵠被箭瘡，大困。遂將歸，飼養至瘡愈，乃放鵠飛去。後鵠雌雄各銜珠以報參也。

糜竺

字子貢，東海駒山人也。曾從洛陽歸【一五】，去家數十里，路傍見一婦人，請竺寄載之。竺令上車，行十里，婦人辭竺曰：「我是天使【一六】，遣我往燒東海糜家。感君見載，無以相報。」竺因愁，請之曰：「東海糜家者，竺是也。願勿燒之。」婦人曰：「天命豈敢違之！然君但急行，我當緩來。明日日中，火必發也。」竺於是疾達家，悉出資産。至日中火起，唯燒茅茨而已。漢末爲蜀丞相，世仕蜀郡。出《搜神記》。

秦穆公

失其駿馬，後至岐山，行見五人盗所失馬而食之。穆公曰：「吾聞食駿馬肉，無酒必死。」公遂賜之以酒。後秦與晉戰，忽有五人從惠公而來。穆公怪問之，曰：「是昔時盗

【一五】曾從洛陽歸　「洛陽」原作「母車路」，據《搜神記》改。

【一六】我是天使　「天」原作「人」，據《搜神記》卷四改。

馬之人。」春秋時人。

楚莊王

與群臣夜飲，中宵燭滅。坐内有引王美人，美人告王曰：「坐中有人引臣妾，妾已斷得其纓。」王曰：「飲人以醉，何以責之以禮？」悉令在坐大臣各斷其纓，然後上燭。楚王後與晉戰，兵圍王數重，楚王大懼。軍中乃有一人，登鋒陷堅，大破晉軍。楚王怪之而問，對曰：「臣是絶纓之士也，以報王恩。」出《韓子》。

楊寶

弘農華陰人也。年七歲，行於華陰山中，見一黄雀被瘡，爲螻蟻所損。寶見而愍之，因將歸，致巾箱中，采黄花飼之。經十餘日瘡愈，旦飛去，暮來宿於箱中。忽一朝化爲黄衣兒，持玉環二雙與寶，謂曰：「君好掌此環，子孫當累世三公。」報訖而去，莫知所在。寶生震，震漢明帝時爲太尉。震生秉，秉漢和帝時太尉。秉生賜，賜漢靈帝時爲司空。賜生彪，彪漢獻帝時爲司徒。

樊曄

字仲華，南陽新野人也【一七】。與漢光武同郡。光武微時，曾被事，因於新野縣獄。曄時爲新野市吏，嘗饋飯一壺，德之不忘。及光武登位，拜曄爲河東都尉。帝戲曰：「一飯得都尉，何如？」曄再拜而已。後漢人。出《漢書》。

【一七】南陽新野人也　「野」原作「治」，據《後漢書·樊曄傳》改。下文同。

孫鍾

吴郡富春人也。孫武之後。鍾種瓜爲業，瓜初熟，有三人來就乞瓜。鍾遂引三人入草庵，設飯摘瓜以食之。三人食訖，謂鍾曰：「蒙君厚恩，無報也，請視君葬地。」遂將之上山，謂曰：「欲得世世封侯，數世天子。」鍾曰：「諾。」遂指一處可葬之。三人曰：「我等是司命。君下山，百步勿返顧。」鍾行三十步回首，見三人化作白鶴飛去。鍾於指地葬父母，冢上常有紫氣屬天，漫延於地。父老曰：「孫氏興矣！」鍾生堅，字文臺，仕靈帝，爲破虜將軍、長沙太守。堅生權，字仲謀，漢末據江東，建立爲吴天子，都揚州，號建業。後都武昌。權生亮，亮生休，休生皓，皓爲晉所伐。皓降晉，武帝封爲歸命侯。果四世天子爲王。孫權號太皇，亮被廢，休爲景皇帝，皓爲後主皇帝，相繼六十八年。事出宋臨川王《幽明録》中。

楊公

字雍伯，洛陽人。少時賣鱠爲業。父母亡，葬於終山。山高八十里，伯於坡頭致義漿。終三年，忽有人就伯飲。飲訖，出懷中石子與之，謂伯曰：「種此石，當得玉，君必富。又得好婦。」語訖而去。伯如其言。經二年，伯往所種地看，地中有玉子生。致平徐氏有好女未嫁，伯試求之，徐氏笑曰：「但得玉一雙，與子爲婚。」伯於是於田中得美玉一雙，與徐氏。徐氏大驚，遂以女妻之。出《漢書》。

毛寶

陳留平丘人也。晉咸康中，寶行江邊，見人釣得一白龜，寶贖而放之於江中。後十年，寶守鎮邾城，與石虎交戰。寶敗走投水，脚如蹋著石，漸漸至岸。寶回顧之，乃是昔日放之白龜，來報寶之恩也。

贊曰：受恩思報，本自仁賢。窮達反復，廢興變遷。恩則當報下闕

報怨篇第四十三闕

嗜酒篇第四十四

蕭琛

《南史》：蕭琛，字彦瑜，蘭陵人，思話之從孫。常自言少壯時好音律，喜讀書，嗜酒。年長以來，二事都廢，讀書不衰。常忽自解竈，事畢餘餕，陶然復飲。

陳暄

《南史》：陳暄，國山人【一八】。學不師受，文才俊逸，尤嗜酒，無節操。遍歷王公門，沈湎讙譊，過差非度。其兄子秀常憂之，致書於暄友人何胥，冀以諷諫。暄聞之，與秀書，

【一八】國山人　「國」原作「回」，據《南史》卷六一《陳暄傳》改。

略曰：「吾既寂寞當世，朽病殘年，產不異於顏原，名未動於卿相【一九】。若不日飲醇酒，復欲安歸？汝驚吾墮馬侍中之門，陷池武陵之第，遍布朝野，自言焦悚【二〇】。『丘也幸，苟有過，人必知之。』吾生平所願，身没之後，題吾墓曰『陳故酒徒陳君之神道』。何水曹眼不識盃鐺，吾口不離瓢杓，汝寧與何同日而醒，與吾同日而醉乎？政言其醒可及，其醉不可及也。速營糟丘，吾將老焉。爾無多言，非爾所及也！」

鄭虔

唐鄭虔高才曠達，性嗜酒，而貧不能常致。故杜子美贈之詩云：「醉别騎馬歸，頗遭官長駡。」又云：「賴有蘇司業，時時與酒錢。」

張翰

《世説》：張翰，字季鷹，常云：「使我有身後名，不如即時一盃酒。」

王孝伯

《世説》：王孝伯云：「名士不必須奇才，常得無事痛飲，讀《離騷》，可稱名士。」

李適之

唐李適之好賓客，爲參知政事，爲李林甫陰中罷去。爲詩曰：「避賢初罷相，樂聖且銜盃。爲問門前客，今朝幾箇來？」

【一九】名未動於卿相　「未」原作「求」，據《南史》卷六一《陳暄傳》改。

【二〇】自言焦悚　「悚」原作「陳」，據《南史》卷六一《陳暄傳》改。

趙襄子

晉趙襄子飲酒，七日七夜不醉，自矜以爲好。優真對曰：「昔殷紂飲酒，七日七夜不醉。君勉之，則及矣。」趙襄子覺，而自歎曰：「幾亡乎！」

畢茂世

名卓。嘗謂人曰：「右手持酒盃，左手持蟹螯。拍浮酒池中，便足了一生也。」晉人。

李太白

唐李白嗜酒，玄宗召白，使撰《白蓮花開序》并《宫詞》十首。時白大醉，中使以冷水沃之，稍醒，一揮而就。

楊雄

字子雲，蜀人。爲好酒，酒不離口。

子反

楚莊王伐宋，子反爲將。時有穀陽豎進酒，子反飲之醉。明日又戰，莊王召子反謀，怪其醉，遂殺之。君子曰：「非惡子反，所謂『小惠是大惠之賊』。」見《左傳》。

陶潛

字淵明，性好山水，常以酒適情。人有往之者，輒取頭上巾漉酒，易酒而飲。以素琴葛藤爲絃，乃撫弄。人問之，答曰：「但取琴中意，何須絃上聲。」後爲彭澤令。公田多，令種黍。九月九日，采菊於東籬之下而釀酒。太守王弘九日著白衣，攜酒而訪焉。

鄭玄

字康成，北海人。拜爲大司農，不就，乃歸鄉里。司隸校尉袁紹祖於洛陽城東釀酒三百斛，玄飲之不醉，時更温雅也。

馬融

字季長，扶風茂陵人。秀眉明目，飲酒一石，教書生講論，無有失錯。官至南郡太守。後漢懷帝時人。出桓譚《新論》。

劉表

荆州刺史。諸子好酒，爵有三品【一二】：大曰伯雅，次曰仲雅，小曰季雅。在座客有辭者，輒以針刺其面驗之。後漢人。

陳遵

字孟公，京兆人。王莽時爲河東太守。會賓客飲宴將酣，恐客逃席，輒令人將客車轄投井中。客欲去，而不得前行也。

管輅

字公明，平原人。年十四，飲一斗而不醉。琅邪太守單子春請之，召輅相見，欲論經

【一二】爵有三品　「爵」字上原衍「官」字，參《太平御覽》引《典論》删。

史。輅謂子春曰：「府君召儒生，輅年幼未剛，恐失聞神。請先飲三斗，然後論説。」子春悦，使人酌三斗與輅。輅飲盡，於是唱《大雅》之端，妙引經籍，發言對答如流，時人號爲神童。魏時人。出《魏志》。

鄭泉

字文淵，陳留人。每歎之曰：「願得三百斛船，酒滿中，以甘餚置兩頭，加以金巵，便爲足矣。」臨死之日謂妻曰：「殯我於陶家之側，百年後化而成土，見水爲酒，誠獲心矣。」吴主孫權時，爲大中大夫。出《吴書》。

阮籍

字嗣宗，陳留尉氏人。飲酒至八斗，每鹿車載酒，身居上，使人推之，頓止之處，即輒飲大醉。官至東平太守。魏末人也。

劉伶

字伯倫，沛國人也。飲酒一石至醉，醒復飲。妻責之，伶謂妻曰：「卿可致酒五斗，并脯羞之類，吾當咒而斷之。」妻信之，遂設酒肉，致於夫前。伶咒曰：「天生劉伶，以酒爲名。一飲一傾，五斗解醒。婦人之言，慎不可聽。」於是復飲，頽然而醉。《語林》。

山簡

字季倫，河内人。晉司徒濤之子。爲荆州牧時，每出，酣醉。時人爲之歌曰：「山公往何處？來詣高陽池。日夕倒載歸【二二】，酩酊無所知。時時能騎馬，倒著白接籬。舉鞭謝葛强，何如并州兒。」

阮宣

字宣子，陳留人。常杖頭挂百錢至酒肆，獨酣醉而歸。雖當世貴盛，不肯詣之。晉人。出《世説》。

畢卓

字茂世，東平人。晉爲吏部郎中，常飲酒廢職。比舍釀酒熟，卓因醉，夜至瓮間盗飲，爲掌酒者所縛。明日視之【二三】，乃畢吏部也。

贊曰：禹惡旨酒，著于聖經。麴蘖有毒，沈酣是懲。
耽夫湎淫，害于康寧。忘親阮籍，輕死劉伶。
陶侃限約，屈原獨醒。存忠思孝，千古儀刑。

【二二】日夕倒載歸　「夕」原作「久」，據《晉書·山簡傳》改。

【二三】明日視之　「視」原作「示」，據《晉書·畢卓傳》改。

卷第八

别味篇第四十五

神農

《淮南子》：古者民茹草飲水，采樹木之皮，時多疾病。於是神農乃教民播種五穀，相土地所宜，燥濕高下，嘗百草之滋味，水泉之甘苦，令民知所避就，一日遇七十毒。

荀勖

晉荀勖，字公曹，潁川人，常在武帝坐進飯【一】，謂在坐人曰：「此是勞薪所炊。」咸未之信。帝遣人問膳夫，乃云：「實用故車脚。」皆服其知。

師曠

晉平公時人，爲大夫。公食，以問曠，曠曰：「此勞薪爲爨。」公問宰人，宰人曰：「用故車脚爲薪耳。」

易牙

齊桓公大夫也。淄、澠二水爲食，牙亦知二水之味。桓公不信，數試，如驗也。

校勘記

【一】常在武帝坐進飯　「飯」原作「飲」，據《晉書·荀勖傳》改。

苻朗

字元達，堅之從子也。爲青州刺史，食鵝，知其毛色。後晉伐青州，朗降於晉。朗既至楊都，時會稽王司馬道子具設江左珍羞【二】，與朗坐客高會，因問朗曰：「關中美味孰若此？」朗曰：「但怪此味生鹹耳。」乃問宰夫，果用生鹽作食也。

贊曰：草木臭味，紛然萬殊。錯雜間處，孰能分區。神農至聖，生民是虞。辨其良苦，較彼錙銖。以利於病，捐痾保軀。易牙苻朗，或期繼諸。

【二】時會稽王司馬道子具設江左珍羞　「子」字原缺，據《晉書·苻朗傳》補。

豪富篇第四十六

郭况

王子年《拾遺》：郭况，光武皇后之弟。累金數億，家僮四百餘人。以黄金爲器，工冶之聲，震於都鄙。時人謂「郭氏之室，不雨而雷」，言其鑄鍛之聲多也。臺榭懸朗珠於四垂，晝視之如星，夜視之如月。里語曰：「洛陽多錢郭氏室，夜月晝星富無匹。」其寵者皆以玉器盛食，故東京謂郭家「瓊廚金穴」。况小心畏慎，雖居富勢，閉門優遊，不干世事，爲一時之智者也。

范蠡

越范蠡爲相，日致千金。家童閑算術者萬人，以四海難得之貨充盈於越都，以爲器。銅鐵積如山阜，或藏之井，謂之寶井。富盛歷古以來，未之有也。

王元寶

唐王元寶極富，而不學。嘗大會賓客，或謂曰：「昨日必多佳客。」元寶曰：「但費錦纏頭耳。」玄宗一日問元寶曰：「聞卿多絹，比朕南山之木孰多？」元寶曰：「若每樹挂一縑，則陛下之木有盡，臣縑無窮【三】。」

甘寧

《吴志》：甘寧，字興霸，性奢侈，以錦綵維舟，去則棄之。孫權曰：「曹公有張遼，孤有興霸，足以相敵。」

周犨嘖

干寶《搜神記》曰：周犨嘖者，貧而好道。夫婦夜耕，因臥夢天帝過而憐之，敕外有所給與。司録案籍曰：「此人相貧，限不過此。唯有張車子應賜千萬，然今車子未生，請與之。」天公曰：「善。」自是遂富累千萬。

歐明

《録異記》：廬陵歐明，從賈客道經彭澤湖，每以珍寶投湖中，云：「以爲禮。」積數

【三】臣縑無窮　「縑」原作「給」，據《雲仙雜記·縑繫南山樹》改。

年，後復過，忽見湖中有大道，上多風塵。有數吏乘車馬來候明，云：「是青洪君使要。」須臾，遥見有府舍，門下吏卒。明甚怖，吏曰：「無怖。青洪君感君前有禮，故要君，必有厚遺。然勿取，但求如願耳。」明既見青洪君，君問所須。明曰：「欲求如願。」於是呼如願，使同明去。如願者，青洪君侍婢也。明歸，所願輒得，數年大富。

梁冀

字伯車，安定人。後漢桓帝時爲大將軍。冀女爲皇太后所寵，冀恃勢貪財，舉錢萬億。及誅冀，斂資貨入府庫，遂減半年租稅，潤及天下百姓者也。

石崇

字季倫，晉河内人也。晉惠帝時爲侍中，苞之子也。苞臨終【四】，分財與諸子，獨不及崇，曰：「此兒富貴，他自能得。」後爲荊州刺史，略遠使商賈，富不貲。有別館在洛陽金谷，一名梓澤。後得尉，與潘岳諂事賈謐。廣成君每出，崇降車路左，望塵而拜【五】。財産盈積，室宇宏麗。後房數百，侍女皆曳紈繡。與晉惠帝舅王愷及羊琇以奢靡相尚。愷以粭沃釜【六】，崇以蠟代薪。愷以紫絲步障布四十里，崇以錦步障布五十里。愷以赤石脂塗屋，崇以椒塗之。帝助愷珊瑚樹，高二尺。愷示崇，崇以鐵鞭擊碎。愷怒，崇命取珊瑚樹，高三四尺者六七株，如愷比者衆矣。惠帝知富無以誇，有外國進火浣布，天下更無。帝乃爲私服，幸崇家。崇有家人之輩五十人，皆衣火浣布衫祇承，帝乃慚之。崇厠屋

【四】苞臨終　「苞」字原缺，據《晉書・石崇傳》補。

【五】崇降車路左望塵而拜　「降」「左」二字原缺，「望」字前原有「崇」字，據《晉書・石崇傳》改。

【六】愷以粭沃釜　「粭」原作「精」，據《晉書・石崇傳》改。

内置侍婢十人，衣以紈素，并以香囊錦袋盛香。崇大會賓客，有侍中劉寔，見厠内燦爛，快出，謂崇曰：「誤入公室矣。」崇曰：「厠也。」寔更往，見侍婢所逼，不成如故。崇爲客作小豆粥，咄嗟立辦。冬日得韭齏。愷出遊，争入洛陽，崇牛如飛，愷絶不及。愷貨崇帳下，問所以，云：「預作熟豆，客來，作白粥投之。韭根，雜麥苗耳。牛奔如飛，由馭者逐之。」愷從此遂争長焉。及賈謐誅，免崇官。時趙王倫與崇甥歐陽建有隙。崇有妓曰緑珠，美而且艷，又善吹笛。孫秀使人求之，崇處金谷别館，方登樂臺，使者告崇。崇乃悉出侍女，任意所擇。使者曰：「命取緑珠。」於是崇怒曰：「緑珠是我之所愛，不可得也。」孫秀怒，勸倫誅崇。崇正宴樓上，介士到門。崇謂緑珠曰：「我爲爾得罪矣。」緑珠曰：「當效死于君前。」遂自投樓下而死。及車載崇于東市，歎曰：「奴輩利吾家財。」使者曰：「知財爲害，何不早散！」遂被害。崇家稻禾在地，化爲螺，人以爲族滅之應。水碓三十餘所，蒼頭奴八百人，珍寶田地宅莫究其數。崇乃與潘岳同日斬于市。岳謂崇曰：「天下殺英雄，卿復何爲爾【七】？」崇曰：「殺士滿溝壑，餘塵來及人。」出《晉書》。

羊琇

字雅舒，太山人。晉時爲散騎侍郎。家大富，冬月作酒，令人抱瓮，須臾易人。時洛陽炭貴，琇作獸炭燃之，崇因見而效之。

【七】卿復何爲爾　「爾」字原缺，據《類説·潘石同刑東市》補。

尹吉甫

周之上卿也。家大富，食口數百人。曾遭飢餓，鼎鑊作粥，嗚聞聲數里。既食訖，失三十人，乃覺之，見在鑊中戲取燋粥。事出《周書》。

卓王孫

蜀郡人，富累千金。前漢武帝令王吉與司馬相如交，相如每稱疾不見。王孫曰：「聞令有重客。」遂設酒請，往請相如并王吉。吉先至，未敢嘗。須臾相如至。卓王孫有女文君，新喪夫在舍。王孫座多豪客，請進琴於相如。相如撫琴，音調文君。文君於是聽之，其夜遂奔相如，資以車馬奴婢。事出《漢書·司馬相如傳》。

郭珍

爲洛陽令，家資巨萬。夏日與客飲，侍婢數百人，裸其形，使之進酒。此即殷紂糟丘之戲也。後漢人。事出《論衡》。

何曾

字穎孝，陳郡人。晉時爲司隸校尉，日食萬錢，猶言無下箸處。蒸餅不坼十字不食。有二子：遵、邵。卒太僕卿。遵有四子【八】：嵩、綏、機、羡。邵爲侍中庶子，一日之供，以錢一萬爲限。綏官至侍中。

【八】遵有四子　「遵」字原缺，據《晉書·何曾傳》補。

寡婦清

《漢書》：蜀寡婦清，其先得丹穴，以擅其利，遂巨富，能以身衛財【九】。

王戎

《晉記》：王戎殖財賄，家僮數百計。算金玉，恒如不足。世以此譏之。贊曰：富贍於財，常人所欲。得之以道，斯爲厚福。賢者處之，施惠是勖。愚夫靳之，適招禍辱。盈溢筐箱，貯儲金玉。兼濟以仁，庶無傾覆。

貧窶篇第四十七

羅友

《世説》：羅友貧，乞禄於桓温曰：「昨中路見一鬼，揶揄曰：『我只見汝送人作郡，不見人送汝作郡。』」温笑而憐之，以友爲襄陽太守。

劉伯龍

《南史》：劉伯龍貧窶，嘗召子弟，欲營什百之利。見一鬼在旁，撫掌大笑。伯龍歎曰：「貧乃爲鬼所笑！」遂止。

【九】能以身衛財　按《漢書·貨殖傳》作「用財自衛」。

榮啓期

孔子見宋人榮啓期年老，體無完衣，而鼓琴自樂。孔子問曰：「先生何樂？」對曰：「吾有三樂：天生萬物，唯人爲貴，吾既得爲人，一樂也；人生以男爲貴，吾既得爲男，是吾二樂也；命有夭殤，吾既老矣，是吾三樂也。貧者士之常，死者人之終。吾處常待終，又何憂焉？」孔子曰：「先生能自寬者也。」

張儀

《史記》：張儀説於諸侯，從楚相飲【一〇】。楚相亡璧，門下咸意儀，曰：「貧無行，必盜相君璧者。」乃笞掠數百，不服，乃釋之。儀歸，其婦嘻曰：「不説諸侯，安得此辱？」儀曰：「汝視吾舌在否？」妻笑曰：「在耳。」儀曰：「足矣！」

原憲

《孔子弟子傳》：原憲在草澤中，子貢相衛，結駟連騎，排藜藿，入窮閻，過謝原憲。憲捉敝衣冠，貌有饑色，出見子貢。子貢曰：「先生病邪？」憲曰：「無財者謂之貧，學道而不能行者謂之病。憲貧也，非病也。」子貢大慚，不懌而去，終身恥其言之過。

周犨

周時人。極貧，夫婦二人常在田野夜鋤。天帝憐之，謂司命曰：「可賜其富。」司命曰：「此人業運如此，不可富也。今來張車子錢數萬，其人未生，甚閑，且借之，可乎？」

【一〇】從楚相飲　「從」原作「走」，據《史記·張儀列傳》改。

天帝曰：「善。」司命之敕所因借其錢，犨於是日漸家富。得十餘年，忽有一婦人寄宿於車坊，因産一子。犨見之，問其夫主姓。婦人答曰：「夫姓張。此子車坊中生，與名車子。」犨意甚惡之。因此之後，家道日衰，還復如故。

阮咸

字仲容，陳留人。時俗七月七日曬衣裳，咸宗族於庭羅列衣物。咸貧無物，乃脱犢鼻布褌，以竹竿頭挂之。人問其故，答曰：「未能免俗。」

范丹

字史雲，陳留人。與同郡尹包爲友，俱貧。每出，傳一單衣，包年長，先走，迴即脱與丹也。

司馬相如

字長卿，蜀郡成都人。既爲卓王孫女文君所奔，遂爲夫妻。相如家貧，遂與臨邛沽酒。常灑埽，身著犢鼻褌於市中，使文君當壚而坐。卓氏之族謂王孫曰：「相如雖貧，當有大才，必不爲長賤者。」而王孫遂減半財與相如。仕漢，官至中郎將。出《前漢書》。

王良

字仲子，東海蘭陵人。後漢時爲司徒。司徒史鮑石以事往東海【一二】，良因遣通書送良家。良居三公之位，而家甚貧。及司徒史至東海，往詣良家，見良妻身著布裙，從田

【一二】司徒史鮑石以事往東海　「史」原作「使」，據《後漢書·王良傳》改。下文同。

曳柴而歸。史不識之，謂曰：「我司徒史，故來通書，欲見夫人。」妻曰：「妾是也。」史大驚。出《漢書》。

孫晨

字元公，京兆人也。後漢時爲郡功曹，冬日無被，唯有藁草一束，夜臥其中，曉即衣之。後漢時人。出《三輔決録》。

裴潛

字文行，河東聞喜人也。魏文帝時爲尚書。清貧，妻不免飢寒，織荆笆籬自給。出《魏書》。

顔子

《孔子弟子傳》「一簞食」云云。

贊曰：士有志節，安於清貧。不爲苟得，仁儀是親。

鹿裘帶索，釜魚甑塵。桑樞瓮牖，灌園負薪。

守死善道，不妄求伸。飲水啜菽，以樂天真。

貧達篇第四十八

子路

《家語》：仲由，字子路，魯人，孔子弟子。孔子稱之曰：「衣敝緼袍，與衣狐貉者立而不恥。」嘗自負米以養親，食藜藿以充腸。後遊楚國，遂爲楚上卿，食禄萬鍾矣。

司馬相如

前漢司馬相如，字長卿，家徒四壁立。能文章。楊得意直宿，夜誦相如所爲《子虛賦》，武帝聞之曰：「朕恨不與此人同時。」得意奏曰：「臣故人司馬相如之所作也。」帝即令召之。既見，帝以爲卿，銜命使蜀。至蜀，部使者太守郊迎，縣令尉負弩前驅，時人榮之。

太公

姓姜，字子牙，東海人。年十八，娶馬氏爲妻。太公但讀書，不事産業，甚貧。妻馬氏見其如此，求去。太公避之，隱市賣漿，值天大凉。改販麪，又值大風起。遂屠牛，又值天大熱，凡往不遇，遂改向渭水釣魚。年八十，值周文王出獵，文王問曰：「君既年老，有妻子，而獨在此釣魚？」公曰：「不憂年老無子，唯憂天下無主。」文王曰：「紂爲天子，何言無主？」太公曰：「人主養民。紂爲淫虐，何主之有！」文王知其賢，與載而歸，以師事之。文王崩，武王伐紂，定天下，封太公爲齊侯。太公適齊，於路見婦人啼泣。公怪而問之，婦人曰：「妾聞前夫封侯，故追悔而泣。」太公問曰：「前夫是誰？」婦人曰：「姓姜，字子牙。」公曰：「我是也。」婦人喜，再拜，欲求再合。公曰：「可取一盆水。」傾於地，令婦人收水，唯得少泥。公乃作詩以語之曰：「兩目知人意，雙眉又解愁。若言離更合，覆水定難收。」婦人遂抱恨而死。今有馬母家。

韓信

淮陰人也。少時至貧，曾於市中盜賣食羹，被其主捉得，苦辱之，令信從跨下往過。而後歸項羽，不能用，亡歸於漢。因蕭何用之，爲大將軍。漢定天下，封信爲楚王。信取賣食者，刖其兩足。初，信乞食漂母，母與之食。信既爲楚王，漂母報以百金。

樊噲

沛人也。家貧，以屠爲業，從事漢高祖。高祖與項羽鴻門之會時，賴噲身得免于難。高祖即位，封噲爲武陽侯。出《前漢》。

公孫弘

淄川薛人。家貧，爲人牧豕。年四十，始學《春秋》。武帝時，詔天下舉賢良文學之士，淄川一郡解上弘。弘到長安，對策第一。武帝善之，拜爲中郎，遷御史大夫。經月餘，遷丞相。出《前漢書》。

王章

字文卿，太山人也。家貧，寄止人舍，盜主人牛衣臥，主人笞之。章後就學京師，見大將軍王鳳，鳳遂薦之。官至司隸校尉，遷京兆尹，坐贓下獄。妻謂章曰：「君不憶牛衣中時邪？今得富貴，奈何以物累身哉？」章不應。獄官每夜打鼓點囚，章女年十二，謂曰：「我父已死。」母曰：「何以知之？」女曰：「尋常唱囚有九，今夜唱囚止八，是以知其死。」明日視章，果死。見《前漢》。

甯戚

衛人也。欲仕齊，家貧，無以自資，乃賃爲人挽車。至齊國，於車下飯牛，望見桓公，乃叩牛角而歌。桓公見之，撫掌曰：「異哉此人！乃非常人也。」命管仲迎之，遂舉大臣之位，授之爲卿，後遷丞相。《列士傳》。

陶侃

字士衡，丹陽人也。鄱陽孝廉范逵宿侃舍，侃家貧，母爲截髮爲髲待之。無薪，伐屋柱炊飯，斬薦以供馬。逵感之，乃爲侃立聲譽，於是顯名。侃仕至太尉【一二】。晉時人。出《語林》。

石勒

字季龍，本上黨武鄉胡人也。晉惠帝元康年中，山東大飢。勒家貧乏，不能自濟，遂

【一二】侃仕至太尉　「太」原作「大」，「尉」字原缺，據《晉書·陶侃傳》改。

與汲桑謨計，令汲桑與勒作奴主，賣與平原師懽家，兩相存命。令勒田中耕，隴上常聞鼓角鞞鐸之聲。後歸勒鄉里，乃共劉泉起兵，逼洛陽。晉帝南遷，乃稱天子，國號趙。都襄國城，城去鄴城一百八十里。勒遂封汲桑爲大將軍。勒死，號趙明帝【一三】。勒無子，弟虎代立，遷都於鄴城。《鄴中記》云：「勒與師懽家傭耕，或云上黨郭季子家奴，未知孰是。」

【一三】號趙明帝　「明」原作「武」，據《十六國春秋·後趙録·石勒》改。

王猛

《晉書》：王猛，字景略，洛陽人。家貧，織簣以給衣食。後入嵩山，師隱居有道之士。數年出山，一見苻堅，大奇之。堅建號，以猛爲相，聲譽甚矣。

贊曰：貧而有志，其久必通。務修天爵，人爵斯從。
飲牛甯戚，潛漁太公。或以道舉，或以才庸。
觀其大器，豈能終窮。養斯氣識，毋辭屢空。

攻書篇第四十九

智永

《李尚書故實》云：智永住吴興永欣寺，積年學書。後有禿筆頭十八瓮，人來覓字者如市。所居户限爲之穿穴，乃以鐵葉裹之，謂之「鐵門限」。

張旭

《唐書》：張旭，吴郡人，官至右率府長史。特善草書，自言：「吾見公主與擔夫争路而得其意，又觀公孫大娘舞劍器而得其神。」飲輒草書揮筆，大則以頭揾墨水中，天下呼爲「張顛」，其書爲草聖。

薛稷

《唐書》：薛稷以詞章知名，好古博雅，尤工隸書。自貞觀、永徽之際，虞世南、褚遂良，時人宗其書，自後罕能繼者。稷外祖魏徵當國【一四】，圖籍多有虞、褚舊迹，稷鋭精模倣【一五】，筆態遒麗，當時無及之者。又善畫，博采古跡。睿宗在藩，留意於文學，稷於是時見招引，除太子少保。睿宗嘗召稷入宫中，參決庶政，恩遇莫比。後竇懷貞伏誅，稷以知其謀，死獄中。

王右軍

晉王羲之善書，爲古今之冠。稱其筆勢，以爲「飄若遊雲，矯若飛龍」。

杜度

字伯慶，京兆人。善草書，故《千字文》云「杜稿鍾隸」，即今草書也。

程邈

字元令，下邳人。秦始皇時，犯罪繫獄，改古篆爲今書，上始皇。始皇善之而赦其罪，

【一四】稷外祖魏徵當國　「祖」原作「相」，據《舊唐書·薛收傳附傳》改。

【一五】稷鋭精模倣　「稷」字原缺，據《舊唐書·薛收傳附傳》補。

故曰「隸書」也。

張芝

字伯英，安平人。善草書，臨池學書，池水乃黑，寸紙不遺。世謂「草聖」也。

蔡邕

字伯喈，陳留人。善楷書。後漢靈帝時，太學中立石《五經》，即邕之書。今洛陽其石經之文見存焉。

韋誕

字仲將。學書日，家之素帛必先書而後練。數十年間，遂大能書。晉帝造凌雲閣，令誕書之，而人誤先釘其牌於上。誕乃乘飛梯題之，及畢，鬚鬢皓然。遂戒其子孫，不令學書至能也。

師宜官

平原人。善書，大字或方一丈。小字一寸。嘗詣酒家貰酒，無以錢還，乃書其壁作數字，看者盈門，不能得見。乃云：「輸十文方與之看。」計還酒錢已足，遂拭去之。後漢獻帝時人也。

倉頡

黃帝時人。觀鳥跡以造文字，鬼遂夜哭。黃帝時，白日龍見，帝亦乘龍遊行。及倉頡造書，龍皆潛藏，或白日上天而去。以有文字，恐人書畫之，而鬼哭龍藏也。倉頡所造書即古文篆是也。

史籀

周宣王史官也。改古文爲大篆，今篆書是也。

崔寔

字子直，涿郡安平人也。善草書。後漢桓帝時遷爲遼東太守。一云草書起秦始皇時，天下峻法，不暇篆録，因爲草書。

梁鵠

字元鴻，安定人也。能書。漢靈帝時，官至吏部尚書。

鍾繇

字元常，潁川上武人也。善篆楷書，亦采蔡邕之法，以爲八分。陳太尉碑，蔡邕爲文，元常書之。此碑文字最工妙。魏武帝時爲太尉。

胡照

字孔明，潁川人，與繇同郡。能書，故云「鍾胡之法」。

王羲之

字逸少，琅邪臨沂人。善篆書。子獻之，字子敬，尤能骨法，與父書不同。官至右軍將軍。晉中興時人。

羊忻

太山人也。能書，爲侍御史。晉末之際，書勢遠布。

諸葛長民

琅邪人也。善八分真書。官至豫州刺史。

李斯

上蔡人。秦皇時爲丞相。改史籀大篆爲小篆。始皇時上會稽山，乃敕李斯勒石紀功。若曰「盡得天下」，乃李斯之書，今猶存焉。

羊欣

《晉書》：羊欣幼而聰悟，年十二，王獻之過其家，欣方晝睡。獻之取篆書欣所著白練裙數幅。欣後覺而見之，自是書法愈進矣。

贊曰：上古之際，書畫淳龐。篆隸鍾鼎，鳥跡雲章。
逸爲真草，龍騰鳳翔。名家擅世，星仰鍾王。
書林楷式，翰苑維綱。標表不朽，金石傳芳。

卷第九

善射篇第五十

裴旻

《唐書》：裴旻善射，一日射虎三十六頭。見一老人曰：「此彪也。前有真虎，將軍遇之殆矣。」旻怒之，馳馬赴之。有一小虎伏地，見旻哮吼。旻馬辟易，弓矢墮地。

昝君謨

《朝野僉載》：昝君謨善射，閉目而射，應手而中。有王靈智者學其法，曲盡其妙。欲射君謨殺之，時君謨無弓矢，執短刀擊折之。末後一矢，以口承之，遂以齧其鏃，謂靈智曰：「學射三年，但未教汝齧法耳。」

庾公之斯

《孟子·離婁》章：逄蒙學射於羿，盡羿之道，思天下惟羿爲愈己，於是殺羿。孟子曰：「是亦羿有罪焉。」公明儀曰：「宜若無罪焉。」曰：「薄乎云爾，惡得無罪？鄭人使子濯孺子侵衛，衛使庾公之斯追之。子濯孺子曰：『今日我疾作，不可以執弓。吾死矣夫。』問其僕曰：『追我者誰也？』其僕曰：『庾公之斯也。』曰：『吾生矣。』其僕曰：『庾公之斯，衛之善射者也。夫子曰吾生，何謂也？』曰：『庾公之斯學射於尹公之他，尹公之他學射於我。夫尹公之他，端人也，其取友必端矣。』庾公之斯至，曰：『夫子何爲不執弓？』曰：『今日我疾作，不可以執弓。』曰：『小人學射於尹公之他，尹公之他學射於夫子。我不忍以夫子之道，反害夫子。雖然，今日之事，君事也，我不敢廢。』抽矢叩輪，去其金，發乘矢而後反。」注云：「孺子，鄭大夫。庾公，衛大夫。疾，瘧疾也。端人用心不邪辟，知我是其道本所出，必不害我。庾公之斯至，竟如孺子所言。孟子是以明羿之罪。使得如孺子得尹公之他教之，何由有逢蒙之禍？」

曹彰

《拾遺》云：魏任城王彰，武帝子。少而剛毅。時樂浪獻虎，以鐵爲檻。彰曳其尾，虎弭耳無聲。南越獻象，彰手頓其鼻，象伏不動。能擊劍，百步中髯髮。又善於左右射，發無不中。

甘蠅飛衛

衛學射於蠅，妙盡其術，乃欲殺蠅。因相逢於道，引矢相射。而矢盡，乃扶棘相刺。既不相勝，乃誓爲父子。一云，蠅教衛射，諸法盡，唯齧鏃法不教。衛密將箭射蠅，蠅乃齧得箭鏃，反射衛。衛遶樹而走，其箭亦遶樹而射也。

鴻超

《列子》：逢蒙之弟子曰鴻超，怒其妻而怖之，引烏號之弓，綦衛之箭，射其目。矢來注眸子而眶不睫，矢墮地而塵不揚，盡矢之勢也。

養叔

字由基，楚人。去楊樹百步射楊葉，百發百中。楚共王獵，見猿遶樹避箭，莫能中。王命由基。基撫弓弦，猿乃抱樹而啼。共王謂：「由基之射，神射也。」

婁煩

漢初人，善射。高祖令射項羽，弓發箭欲到，項羽怒目叱箭，箭乃墮地。煩倒地失弓，良久乃蘇。

李廣

隴西成紀人。其手猿臂。漢時爲雲中太守，以待匈奴。匈奴憚之，號爲「飛將」。嘗夜行見石，言其是虎，乃引弓射之，没羽。往視之，乃石。更射，即不入也。

羿

堯時人。堯遭洪水，後有九日并出，命羿射之，而落其八。出《淮南子》。

王濟

字武子，太原人。又魏舒字陽元，濟陰人。二人善射，名重當時，并仕晉。出《語林》。

鄧艾

喜放弩，見猿在樹上弄兒，艾乃放弩，射中猿母。其兒爲母拔箭，將樹葉塞箭瘡。艾悔傷之，遂捨其弩，終身更不放弩矣。

吕布

後漢吕布，字奉先，時劉備爲袁術所敗，以兵追之，備走投布。須臾術至，布命俱會於布軍中。布曰：「布平昔不喜合鬬，惟喜解鬬。」乃使人植戟於棘門，謂術與備曰：「布請爲二公射戟小支，一發中者，當解去；發而不中，留戰以决雌雄。」一發中戟小支。解者曰：「將軍天威也！」遂和。

贊曰：射以觀德，和志和容。引而欲發，率先正躬。羿惟中的，進技之工。薄乎云爾，傳之逢蒙。道以賈禍，伊誰云從？子濯取友，師道斯崇。

音樂歌舞篇第五十一

朱虚侯

前漢朱虚侯章請爲吕太后言耕田。高后兒子畜之，笑曰：「顧乃父知田耳。若生爲王子，安知田乎？」章曰：「臣知之。」太后曰：「試爲我言。」章於是起舞，遂歌曰：「噫！深耕溉種，立苗欲疏。非其種者，鋤而去之。」太后默然。師古注曰：「以斥諸吕。」

秦昭王

《史記》：秦昭王命趙王會於澠池。趙王難秦强，不欲行。藺相如、廉頗諫曰：「若不行，視趙之怯弱也。」趙王乃行。相如等從。至澠池，交會，酒酣，秦王曰：「寡人聞趙王善琴，請鼓之。」趙王爲之鼓琴。秦王命史書之。相如進曰：「寡君聞王善缶，請鼓之。」秦王不肯。相如乃按劍而前，謂秦王曰：「五步之内，制在一夫。王豈恃衆乎！」抽劍怒目，欲刺秦王。王不悦，乃擊缶。既終，藺相如亦命趙史書之。終會而還，强秦不敢加兵於趙，以相如故也。

趙王

《趙國史》：王正鼓琴，遣使之楚，誡之曰：「至楚必如吾言。」使者曰：「王之鼓琴，何其美也。」王曰：「琴方調矣。」使者曰：「琴美如此，可書記其柱。」王曰：「宫商移徙，不可常定。」使者曰：「明君使臣，不制其辭。逢吉則賀，逢凶則弔。如王之琴柱，不可常定矣。」

師經

魏文侯與群臣讌會，師經鼓琴。文侯樂，酒酣起舞。師經以撞文侯。文侯怒，令殺之。師經曰：「臣請申一言而死。」文侯曰：「何言乎？」師經曰：「堯舜之君，唯恐民無言而從之；桀紂之君，唯恐民有言而違之。臣所以撞桀紂之君，不撞堯舜之君。」文侯慚而謝之，乃懸琴於門以自戒。

鍾儀

《晉史》：晉伐楚，獲鍾儀，執之，獻於晉君。君解儀問族，儀曰：「伶人也。」君曰：「知樂乎？」儀曰：「是臣先祖之職，敢有二事【二】？」授之琴，儀操南音，爲楚曲。晉君問：「楚王爲人如何？」對曰：「爲太子時，師保奉之，朝詣嬰齊，夕詣子反。不知其他。」晉君以鍾儀之言告文子。文子曰：「楚囚，君子也。言樂，則稱先祖之職，不忘本也。作樂，則操土風，不忘舊也。稱君信師保，尊君也。不忘本，仁也。不忘舊，信也。尊君，忠也。仁以達之，信以孚之，忠義以行之。事雖大，必濟。可赦令還，使合晉楚之好。」晉君從之，放儀使之還楚。楚使公子振報鍾儀之信，遂結好。

玉奴

唐鄭愚《津陽門》詩云：「三郎玉笛弄煙月，怒如別鶴呼其雌。玉奴琵琶龍香撥，倚歌促酒聲嬌悲。」注云「上皇善吹笛，常以一紫玉管。貴妃善彈琵琶，每以龍香板」云云。

【二】敢有二事　此句原作「豈知其二」，據《左傳·成公九年》改。

贊闕

壯勇篇第五十二 篇首闕

梁鴻

字伯鸞，扶風人。妻孟光，字德耀，有大力，能舉石臼。漢時人也。

許褚

潁川許人。事魏武曹操。有力如虎，時人號曰「癡虎」。後爲將軍，與賊相見。未交戰之間，賊出來與褚易牛。褚以手捉牛，倒拽與賊。賊見皆闕【二】。則魏王曾與超各并馬交語，魏武唯將一人自副【三】。馬超自恃其力，欲突捉武帝。褚怒目視之，超不敢動。出《魏志》。

張飛

字益德，涿郡人。事蜀先主劉備。先主與魏武戰，敗，令飛數十騎隨後。飛乃據漢水，大呼曰：「吾是張益德，敢來決敵也！」魏軍不敢進前。魏朝臣程昱曰：「張飛、關羽，萬人之敵也，人畏之。」出《魏志》。

張遼

爲魏將，威振江東。江東兒啼，父母恐之曰：「張遼來也！」兒乃啼止。魏初人。

【二】賊見皆闕　按《三國志・魏書・許褚傳》爲「賊衆驚，遂不敢取牛而走」。

【三】則魏王曾與超各并馬交語魏武唯將一人自副　按此意不明，《三國志・魏書・許褚傳》此處爲「太祖與遂、超等單馬會語，左右皆不得從，唯將褚」。

出《魏書》。

贊曰：壯勇天性，扶危敵兇。拔山扛鼎，暴虎屠龍。在德爲下，於道非中。用之以禮，濟之以忠。庶幾其可，舍斯曷從？負此技者，圖維厥終。

美婦人篇第五十三

李勢女

《蜀記》：晉桓司馬娶李勢女爲妾。桓尚南郡公主，公主知之，持刀率數十婢往李所，欲斫亡之。見李氏在窗前梳頭，髮垂至地，姿貌絶麗。乃徐下階，結髮斂手，向主曰：「國破家亡，無心至此。今日若能見殺，雖死之日，猶生之年。」神色閑正，辭氣悽惋。主乃擲刀於地，向前抱曰：「我見尚憐汝，何況老奴！」遂善遇之矣。

宋玉

宋玉《登徒子好色賦》曰：「臣東家之處子，增之一分則太長，減一分則太短。施朱則太赤，著粉則太白。登牆而窺臣者三年，臣未之許也。」

孔嘉

《左傳》：孔父嘉之妻美，宋華父督見之於路，目逆而送之，曰：「美而艷。」

趙飛鷰

本平陽公主侍女，帝美之，遂立爲后。體輕能舞，纖輭有色，成帝甚美之。

東郭

齊大夫棠公之妻也。公死，崔杼弔之。見其貌，乃求爲妻。後與莊公通焉，杼乃殺莊公，齊國大亂。

王昭君

南郡人。漢元帝時，選入後宫。後爲匈奴和親也。《漢書》。

末喜

夏王桀之后也。爲人美貌，夏王耽之，荒淫無度，坐喜於膝。喜好聞裂帛之聲，桀順之，縱戲無息。殷湯爲侍臣，數忠諫之出。桀爲之妖言，囚殷湯於後臺。關龍逢直諫，桀殺之。出太史公《本紀》。

妲己

蘇國侯之女也。殷紂以蘇不來進女，欲伐蘇侯。侯大懼，以進妲己。紂耽之，不恤政事。見好不懽，見惡即悦。紂爲大銅柱，燒令赤，使人抱之墮地。又作銅斗，重一百一十斤，火燒令赤，令人抱之，即爛其手，妲己乃大笑。刳剔孕婦，焚炙忠良，爲惡非一，爲周武王所滅。出《史記》。

褒姒

褒國龍胎女也。褒人見其美色，遂獻周幽王。王耽之，廢申后，立褒爲后。幽王爲之舉烽火，打大鼓，諸侯聞之，謂胡賊至，皆赴殿前。幽王曰：「無賊，朕使褒姒笑耳。」如是非一。逮及犬戎來伐，幽王舉烽火打鼓，諸侯謂之無賊，不來救。幽王獨戰，敗於獻水之上，身死驪山之下，并殺褒姒。申后立幽王之子宜臼爲平王。出《帝王世紀》。

西施

越之美女。越王句踐以上於吴王，王甚愛寵之。《吴越春秋》。

夏姬

夏徵舒之母，陳大夫世叔之妻。三爲王后，一爲夫人，納之者無不迷惑。陳靈公與大夫孔寧、儀行父共通於夏姬，廢失朝政，徵舒遂弑靈公。又申公盜將夏姬，亡奔於晉，晉人殺巫臣，又娶夏姬。周時人。出《史記》。

黄公

二女皆美色，公每日稱其女醜，醜名遠矣，過時無人娶之。周人。出《尹文子》。

陰后

南陽宛人也。諱麗華【四】。皇后兄識，爲金吾。光武每見執金吾出，車騎甚盛。帝歎曰：「仕宦當得執金吾，娶妻當得陰麗華。」后美也。事出《漢書后傳》。

【四】諱麗華　「諱」原作「轉」，據《後漢書·陰皇后紀》改。

李夫人

隴西成紀人。有貌，漢武帝寵之。夫人病，武帝臨之，夫人以被蒙面，不承帝顔。帝以手揭被，夫人轉面向壁。帝出後，夫人姊謂夫人曰：「帝自臨之，情不能已。今患將困，奈何不言囑其兄弟，而蒙面不承帝顔？」夫人曰：「帝顧我者，以我昔時容貌。今抱病，形容憔悴，若見我面，當有棄我之心。心若有異，兄弟豈得榮乎！」姊伏其言。夫人死後，帝常思其顔貌。時有方士任公，能致其神靈如平生。帝見夫人於帳中，遥而視之，不得相近。出《前漢》。

梁冀妻

有美，能爲愁眉啼妝、墮馬髻、折腰步、齲齒笑以爲媚。漢桓時人。出《後漢・梁冀傳》。

馮貴人【五】

漢桓帝甚愛之。死後三十年，群盜發冢，如生見其容貌，競姦之，至於相殺，多死者。

張麗華

陳後主之美人也。後主極寵之，冠絶六宮。常妝罷登結綺閣，人望之若神仙中人也。

贊曰：婦人之絶，節行居先。顔色之美，姿態之妍。
兼之懿範，兹焉乃全。妖至敗國，艷至妒賢。

【五】馮貴人　「馮」原作「馬」，據《琱玉集》卷一四改。

恃愛怙寵，蠱惑恣專。禍家滅身，斯當鑒焉。

美丈夫篇第五十四

嵇康

《晉書》：嵇康，字叔夜。山濤曰：「嵇叔夜之爲人也，巖巖若孤松之獨立。其醉也，隈然若玉山之將頽。」

陳平

漢陳平家貧好學，善黄老術。富人張負有女孫，五嫁而夫輒死，莫敢娶者，平欲娶之。負偉平，隨至其家，乃負郭窮巷，以席爲門，門多長者車轍，負遂妻之。負子仲不許，負曰：「豈有美如陳平者而長貧賤乎！」後爲丞相。

王濛

濛字仲祖，美姿貌。常戴破帽入市，市上媪争以新帽遺之。

王衍

晉王戎曰：「王衍神姿高澈，如瑶林玉樹，自是風塵外物。」衍常執玉柄麈尾，與手一色而無分。

何晏

字平叔，貌甚潔白，美姿容。魏明帝見之，謂其著粉，因命晏，賜之湯餅。晏食湯餅，汗出流面，以巾拭之，轉見皎然，帝方信。魏人。出《語林》。

潘岳

字安仁，滎陽人。與譙郡夏侯湛爲友，二人并有美容，相隨洛下，時人號曰「連璧友人」。魏末晉初人。《世説》。

韓壽

潁川人，晉武帝時爲掾。有姿容，太尉賈充有女在室，見壽美容，心悦之，遂與壽通。充有異香，女竊香與壽。壽得，因帶之。充怪壽香，疑壽與其女通，遂問於婢。婢以實告之，充因以女妻之。晉時人。出《世説》。

衛玠

字叔寶，河東安邑人。甚有姿貌，觀者塞路。玠有宿疾，因發而死。時人謂之「看殺」。晉時人。

贊曰：五事之先，貴斯容質。玉樹瑶林，貫珠連璧。
濯濯同芳，巖巖獨立。望之可敬，即之無斁。
眉目東方，肌膚姑射。人之表儀，美書載籍。

卷第十

醜婦人篇第五十五

孔明婦

《襄陽記》曰：黄承彦謂孔明曰：「君擇婦，有醜女，黄髮黑色，而才堪相配君子。」孔明許焉。載送之，時人以爲笑。鄉里爲之諺曰：「莫作孔明擇婦，正得河外醜女。」

登徒子妻

宋玉賦云，登徒子之妻，蓬頭攣耳，又疥且痔。

賈后

《晉書》：武帝爲太子納妃，久不决。上欲娶衛瓘女，楊后欲娶賈充女。上曰：「衛家女有五可，賈充女有五不可。衛家種賢而多子，端正而長白；賈家種妒而少子，醜而短黑也。」

無鹽女

齊邑之醜女也。有德行，極醜。臼頭深目，長指大節，昂鼻結喉，肥項少髮，折腰出胸【一】，皮膚若漆。年四十不售嫁，乃拂拭短褐，謁齊宣王，願備後宮。王乃留之漸臺，左右見之，皆掩口而笑。一日對君曰：「殆哉殆哉！」如此者三。宣王怪而問之，答曰：「大王西有衡秦之患【二】，南有强楚之仇，外有二國之難，內有姦臣之衆。衆賢不附，王嗣未立，三日不安，此一殆也；漸臺五重，飾以金玉，萬民疲極，此二殆也；賢者伏匿於山林，讒説竟進於左右，此三殆也。」宣王納之，乃停漸臺，退讒説，納直諫，開四門，納衆賢，乃以無鹽爲后。齊國中興，諸侯來朝也。

嫫母

黃帝時人，極醜。帝納之，使訓後宮，而有婦德。出《帝王世紀》。

阮氏

陳留阮德儒之妹也。阮氏甚陋，嫁許允，一宵後，允竟不入房。友人李範謂允曰：「阮氏與卿故當有意，卿宜察之。」允不答。允因暫入房【三】，却出次，婦捉衣裾留之。允謂曰：「婦有四德，卿有幾何？」答曰：「所乏者，容耳。」婦問曰：「士有百行，君有幾何？」允曰：「俱備。」婦曰：「君好色不好德，何謂俱備？」允大慚，後以禮待。魏人。出《語林》。

贊曰：無鹽之陋，嫫母之奇。懿行內光，貌非所嗤。
嗟夫後世，妒行危機。有虧婦道，徒貽世譏。

【一】折腰出胸　「出」原作「跌」，據《新序》卷二改。

【二】西有衡秦之患　「西」字原缺，「衡秦」原作「秦衡」，據《新序》卷二改。

【三】友人李範謂允曰阮氏與卿故當有意卿宜察之允不答允因暫入房　以上二十七字原在篇尾，據《世説新語·賢媛》改。

阮内之對，初無愧辭。好色棄德，曷以人爲？

醜丈夫篇第五十六

賈大夫

《左傳》：賈大夫貌惡，娶妻而美，三年不言笑。御以如皋，射雉，獲之。其妻於是始言笑。

公孫吕

衛靈公臣也。身長七尺，面長三尺而闊三寸。名動天下。

子羔

《家語》：高柴，字子羔，長不過六尺，狀貌甚惡，爲人篤孝。

支離疏

莊子曰：「支離疏者，頤隱於臍，肩高於項。五管在上【四】，兩臂爲脇。」

張孟陽

晉張載，字孟陽，甚醜。嘗乘車出遊市，群女競笑，争以瓦礫擲之，至於滿車。

贊曰：道貌天形，不無妍醜。傾頤折頞，面色犁黝。儻正其心，何陋之有？苟或行乖，中無所取。

【四】五管在上　「五管」原缺，據《莊子·人間世》補。

兇驫暴惡，動皆邪謬。天討人誅，磔同雞狗。

長人篇第五十七

世紀

《帝王世紀》曰：「禹長九尺九寸，湯長九尺，孔子長十尺，文王長十尺。」《禮斗儀》曰：君王乘土而王者，其人長。

巨無霸

後漢王莽使王尋、王邑伐宛，以長人巨無霸爲先鋒。巨無霸長一丈，腰大十圍，人罕有其匹。

尹緯

《晉書》：尹緯，字景亮，少有大志，身長八尺，腰帶十圍。

防風氏

《國語》：吴伐越，隳會稽，獲骨焉，其節專車。子胥使人問仲尼於魯，仲尼曰：「禹會諸侯，防風氏後至，禹戮之，其骨專車。此是也。」

車千秋

《漢書》：車千秋，姓田，身長八尺餘，體貌甚美。戾太子敗，千秋訟其寃。

贊曰：天生萬物，人爲最靈。四方異處，隨即殊形。惟此華夏，十尺其盈。魁梧碩大，智敏聰明。爲聖爲哲，爲雄爲英。六合之外，其長不經。

短人篇第五十八

僬僥國

《國語》曰：僬僥國人長三尺，短之至也。

巨靈

《漢武帝故事》曰：東郡送短人，長七寸，其名曰巨靈。

嚴延年

《漢書》：嚴延年爲人短小精悍，敏捷於事。

西北荒

東方朔《神異經》曰：西北荒中有小人，長七寸，未衣，玄冠。

王敬

《宋書》：王敬形狀短小，而坐起端方。

張松

《益部雜記》曰：張松爲人短小，而放蕩不理節操。

贊曰：天地之間，寔生萬物。禀氣隨宜，同名異質。短纔寸餘，長或十尺。或爲棟梁，或爲椐楔。豈伊衆林，人匪齊一。羽林侏儒，返殊優逸。

肥瘦篇第五十九

陳平

《漢記》：陳平，陽武人也。有權智。常渡河中流，船人疑其有金。平意知之，於是脱衣袒裼，助之逆篙，以示無金。其肥白如瓠矣。

高柴

《家語》：高柴，孔子弟子。微小短瘦，獨居，不勝衣。

沈約

宋沈約，東陽人，常以書辭官，以謂病瘦，腰圍減，帶孔移。

趙伯翁

肥大，夏日醉卧，孫兒緣其肚子戲，因以李八九枚入翁臍中。後數日，李爛莫出，乃泣謂家人曰：「我腸爛，將死矣。」明日視之，乃有李核出，知向小兒所藏李子也。

伯翁妹

肥於兄，嫁於王氏，嫌其太肥，遂誣云無女身，乃遣之。後更嫁李氏，乃得女身，方驗前誣也。《笑林》。

董卓

字仲穎，隴西人。後漢獻帝時爲相秉政。卓尋暴死於長安市，既肥大，膏流出。守屍者於臍中然鐙，光明徹旦。後漢人也。

陳群

潁川許昌人。祖寔，太丘令；父元方，冀州刺史。并名著漢世。魏明帝時爲司空。爲人肥大，馬不能勝，但乘獨車上下。魏時人。

孟業

爲幽州刺史，解官還京。晉武帝見肥大，欲秤之，歎其大，乃作大秤挂於殿壁。入見，曰：「陛下作秤何用？」帝曰：「朕欲自秤有幾斤。」業曰：「陛下意欲秤臣，無煩聖躬。」於是秤業，重一千斤。出《晉書》。

滿舊

山陽昌邑人，甚肥大。每至夏月，膏流地，妻收之燃鐙。

要離

爲人尫弱，逆風則仆，順風則扶。周時人。出《史記》。

蔡義

漢時爲丞相，瘦弱，常令人扶之。前漢時人。出《漢書》。

贊曰：陰柔豐肌，陽剛隆骨。隨人所禀，因其生育。
膏粱珍羞，廣居大屋。氣體爲移，肥膚皤腹。
清癯玉立，風塵外物。二道非真，貴乎神足。

怪異篇第六十

賈誼

洛陽人。年十八，能屬文，漢帝愛之。絳、灌等害譖之，乃出爲長沙太傅。到官，有鵩鳥飛入其舍，止於坐隅，誼以爲不祥。

武都

揚雄《蜀王本紀》云：武都丈夫化爲女人，顔色甚美，蓋山精也。蜀王納以爲妃，無幾物故，王甚思之。王使五丁擔土爲墳，號「武儋山」，在成都西北。

張路斯

《集古跋尾》云：張龍公碑，趙耕撰。云公諱路斯，潁上人。隋初明經登第，景德中爲宣城令。夫人石氏，生九子。公罷令歸，每夕出，自戌至丑歸，常體冷且濕。石氏異之而詢焉，公曰：「吾龍也。蓼人鄭祥遠亦龍也。騎白牛據吾池，自謂『鄭公池』。吾屢與戰，未勝，明日取決。可令吾子挾弓矢射之。繫以青綃者鄭也，絳綃者吾也。」明日候之，果見，子遂射中青綃者。鄭怒，東北去，投合川而死。今龍穴是也。由是公與九子俱復爲龍。

牛哀

《淮南子》云：昔公牛哀轉病，七日化爲虎，食郡民。呼之曰：「封使君！」因去不復來。時人語云：「無作封使君，生不治民死食民。」

老姥

《述異記》云：和州歷陽淪爲湖。先是，有書生遇一老姥，姥待之厚。生謂姥曰：「此縣門石龜眼血出，此地當陷爲湖。」姥後數往候之，門吏問姥【五】，姥具以告。吏遂以朱點龜眼。姥見，遂走上北山，城遂陷。

夏桀

將亡，河水竭，鬼哭於市。

【五】門吏問姥　「吏」原作「使」，據《述異記》改。

殷紂

將亡，洛水竭，天雨血，鬼哭，山鳴地陷，兩日并出。

周幽王

時蒙山崩，蜀江水逆流三百餘里【六】。李伯陽歎曰：「昔伊洛竭，夏亡；今山崩，周當有禍。」乃西入胡口。

周靈王

穀、洛二水鬭，將毁王宫，王使人壅之。太史諫曰：「壅水不如擁德。」

石勒

天上忽有旋風下屬地，隱隱雷聲。良久視之，見大石。

石虎

孟津水斷，守有百餘步可陷，良久乃通也。

秦始皇

三十七年，忽有持璧遮使者車曰：「爲遺鎬池君。」言畢不見，始皇崩。又，巴郡出巨人，長二十五丈六尺。遣徐福入海，求不死藥。徐福回以奏曰：「臣從東來，聞歌曰：『亡秦者胡也。』」始皇於是遣將軍蒙恬北築長城，過隴西一萬里，以待匈奴。始皇三十七年崩，其子胡亥立爲二世皇帝，爲丞相趙高所滅，因而亡國。

【六】蜀江水逆流三百餘里　「逆」原作「道」，參史金波等《類林研究》改。

漢哀帝

建元二年，長安男子化爲女人，王莽篡位之兆。

平帝

元始五年，長安婦人生子，兩頭有目。時王莽篡位之兆。

靈帝

河内婦人食其夫，河南夫食其婦。中平四年，梁州人生子兩頭。五年，京師馬生人也。

晉惠帝

弟司馬冏封齊王，又爲大司馬。忽有婦人伏於門寄生，所由逐之，婦人曰：「容我截臍而去。」冏後被誅。

吴孫權

有赤烏見，乃改爲赤烏元年。遂作玉兔、赤烏以應之。又有長星從東南出，群星從行。其年，米一斗價一千文。元初元年，安固縣有神，自稱袁周，旋人間【七】，語言飲食與人無異，不見其形。

秦襄王

馬生人，雄馬生駒。

【七】旋人間　語不通，史金波等《類林研究》作「旋入舍間池」。

漢惠帝

二年，隴西地震，天裂十餘丈。富陽雨血一頃池。

文帝

十一年，馬生角。十五年，黄龍見成紀。後元初，狗生角。

景帝

三年，東密人年七十，生角有尾。四年，長安城門狗生角。出《漢書》。

昭帝

三年，太山有大石自起立，高六丈五尺，大三十尺圍，二小石爲足。元鳳二年，長安城南桂樹一旦忽遷京兆陌北社稷。遷言：「漢祚將於他姓。」後至王莽篡位之應。出《漢書》。

宣帝

甘露元年，長樂宮鐘自鳴，銅人生毛矣。

後漢桓帝

三年雨肉。闕

魏文帝

黄初元年，清河女子化爲鼊入水。咸熙二年，襄武縣神人現，長三丈有餘，跡長二尺一寸。白髮，拄杖著黄巾，謂縣人曰：「今年太平也。」

漢安帝

永初七年二月，地震，日蝕，大風。《後漢書》。

沖帝

初平一年，地震。沖帝崩。《後漢書》。

李勢

據蜀反，爲晉所伐。及勢將亡，蜀地毛生，起兵入中原，兵大亂也。

成帝

時有二日相承，晨見東方。王氏專政應之也。出《漢書》。

漢梁孝王

文帝第二子也，封于梁。景帝二年，孝王獵於梁山，有人獻牛，足生背上，王惡之。遇疾，翌日薨。今九梁城是也。出《漢書》。

霍光

字子孟，河東人。宣帝時爲大將軍，封博陵侯，秉政用事。光薨，子禹復爲大司農。禹與親戚謀反，禹室内有鼠，向日群舞。光妻夜夢見竈在樹上，又井沸，禹甚惡之。經旬日事發，宣帝誅滅霍氏，應之。出《前漢》。

晉恭帝

九月九日畫馬於垛上，共群臣射之以爲樂。有識者曰：「天子姓司馬，今日馬射殺馬，是不祥也。」未經旬日，爲劉裕所滅。出《晉書》。

贊曰：天道好還，善惡斯報。美祥善應，凶爲惡兆。耳目見聞，爲之驚悼。秦皇夏桀，魏文梁孝。富貴驕奢，濟其兇暴。禍不旋踵，率皆自召。

祥瑞篇第六十一

黃帝

以德治天下，景星見，其星形如半月。《瑞應圖》曰：「黃帝習樂崑崙，以舞衆神。有玄鵠六，來翔其右。」

唐叔

《尚書》：唐叔得禾，異畝同穎。獻諸天子，王命唐叔歸周公于東，作《歸禾》。

帝堯

百獸率舞，鳳皇來儀，庭生紫芝，有觸邪之獸，八九十老人擊壤而歌。

帝舜

慶雲現天下，太平之候也。

大禹

治水，天錫玄珪，渡江黄龍負舟。

周武王

欲伐紂，至孟津，白魚入王舟，朱鳥銜書投船。太公曰：「白魚入舟，獲殷之瑞。」及河陽，八百諸侯不期而會，同辭皆言：「紂可伐也。」

孫叔敖

楚人。小時出行，見兩頭蛇，殺而埋之，歸以告母。母曰：「吾聞陰德陽報，汝必獲福。」後爲楚相。

漢昭帝

元始五年，鳳皇集，改元天鳳元年。又長安諸陵柏樹死者再活。又泰山石自起。

楊震

初爲太學博士，忽有鵠銜鱣魚，飛集堂前。諸生賀曰：「鱣魚，三公之瑞也。」震後果爲太尉。

秦獻公

二十年，雨金於櫟陽【八】。櫟陽，秦都。以金位，而王感金之瑞。出太史公《紀》。

高祖

初起豐澤中，忽見一白蛇當道，高祖以劍斬之兩段而去。見一老嫗後於蛇所大哭曰：「吾白帝子出行，今被赤帝子所殺。」人以爲不祥，打之，忽然不見。高祖聞之喜，乃隱碭山。吕后覓見，高祖相問：「何以知吾在此？」后曰：「君之處上有紫氣，是以知之。」後滅項羽，登帝位。

漢武帝

元初六年，獲白麟，改號元符元年。前建元二年，西王母下降。出《前漢書》。

孫權

字仲謀，黄武二年曲河縣有甘露降。

贊曰：天垂休應，以啓聖賢。河圖洛書，見于簡編。

白魚玄鵠，雲彩星躔。帝王之兆，治泰之先。

率由積德，其祥罔愆。昭然監戒，以謹弗虔。

【八】雨金於櫟陽　「櫟」原作「洛」，據《文獻通考·物異考》改。下文同。

歌謡篇第六十二

孔子

《家語》：魯國小兒翹一足唱曰：「天將大雨，商羊鼓舞。」或人問孔子，孔子曰：「商羊，一足獸也。」

楚王

楚王渡江，得一物，圓且大，人莫有識者。王使人持以問孔子，孔子曰：「此萍實也。」王曰：「何以知之？」孔子曰：「先是有童謡曰：『楚王渡江得萍實，大如斗，赤如日，剖而食之甜如蜜。』」王食之，果然。

董卓

秉政，京師童謡曰：「千里草，何青青。十日卜，不得生。」千里草，「董」字；十日卜，「卓」字。出《西京雜記》。

苻融

時長安謡曰：「鳳皇鳳皇，止阿房。」融聞之，以阿房殿上多植梧桐，以待鳳皇，後爲慕容沖所滅。沖字鳳皇。出《秦記》。

晉惠帝

時洛陽中謠曰：「鄴中女，莫阡妖。至三月，抱胡腰。」明年，胡賊劉淵、石勒反矣。

五鹿君

《漢書》：五鹿君，字充宗，用權當世，而每爲朱雲挫折之。時人爲之歌曰：「五鹿嶽嶽，朱雲折其角。」

華元

《左傳》：宋華元其御羊斟，以羊羹不與，載之奔陳，後逃歸。役夫歌曰：「于思于思，棄甲復來。」華元恥之，遂出奔。

廉叔度

漢廉叔度知成都，有善政。百姓歌曰：「廉叔度，來何暮。昔無一襦，今有五袴。」

緜駒

《孟子》：淳于髡曰：「緜駒處於高唐，而齊右善歌。」

賈佩蘭

《西京雜記》曰：賈佩蘭説在宮時，常以弦管歌舞相娛，競爲妖服，以樂良時。十月十五日，共入靈女廟，吹笛擊筑，歌《上雲》之曲。既而連臂蹋地爲節，歌《赤鳳皇來》。

班固

《論功歌詩靈芝歌》曰：「因露寢兮産靈芝，象帝德兮瑞應圖，延壽命兮光北都。配上帝兮象太微，參日月兮揚光輝。」《漢書》曰：武帝時，寶鼎得於汾陰，遂有《寶鼎》之歌。

戚夫人

《西京雜記》曰：高帝令戚夫人歌《出塞》《望歸》之曲，侍婢數百皆爲之，聲入雲窗。

舒姑

《宣城記》曰：臨城縣南一千里有蓋山，登百步許，有舒姑泉。俗傳云有舒氏女，未適人，與其父采薪於此。女坐不動，牽挽之，竟不起。其父遽歸，告其母同來視，唯有清泉湛然，不見女處。母云：「此女好音樂。」乃作絃歌，泉涌迴流。

贊曰：童稚無知，有物斯使。事過多驗，一皆有理。
天其或者，以戒先事。人苟能遷，災爲休美。
其或不悛，應無差軌。愼斯聽斯，考祥視履。

卷第十一

天文篇第六十三

天

《河圖括地象》云：混沌清濁既分，謂之兩儀。伏者爲天，偃者爲地。天，坦也，坦然高而遠也。《物理論》云：水土之氣升爲天。凡天去地二億一萬六千七百八十一里半，地之厚與天高等。天南北相去二億三萬三千五十七里二十五步，東西減四步。上下謂之宇，往古來今謂之宙。天神之大者曰昊天上帝，其佐曰五帝。天謂之乾，天圓而色玄。

月

《淮南子》云：月者，太陰之精。《釋名》曰：月，闕也，言滿而復闕也。朔，月初也。朔，蘇也，死復蘇生也。晦，盡也。晦，灰也。弦，月半，若張弓。望，月滿，日月遥相望也。

日

《説文》曰：日者，實也。《淮南子》曰：日出於陽谷，入於咸池。《纂要》云：日光曰景，日影曰晷，日氣曰晛。

星

《釋名》云：星者，散也。《漢書》云：星者，金之散氣。《春秋説題》云：星之爲言精也，陽之榮也。日分爲星，故其字「日生」爲星。

雲

《元命苞》曰：陰陽聚爲雲。《説文》云：雲者，山川氣也。

風

《莊子》曰：大塊噫氣，其名爲風。八節之風，謂之八風。春晴日出，曰光。風吹萬物有聲，曰籟。

雷

《穀梁傳》曰：陰陽相薄，感而爲雷。

雨

《釋名》云：水從雲下。雨，輔也，言輔時生養。雜雪曰霰，疾曰驟，徐曰零，久曰苦，亦曰霖。

雪

《大戴禮》云：天地積陰濕則爲雨，寒則爲雪。《氾勝之書》云：雪爲五穀之精。《韓詩外傳》云：凡草木花多五出，雪花獨六出。雪雲曰同雲。《左傳》云：平地尺爲大雪。雪有七尺雪，有丈餘雪，有千里雪。《西京雜記》曰：太平之代，雪不封條。

霜

《大戴禮》云：霜，陰陽之氣也，陰氣勝則凝而爲霜也。

雹

《説文》：雹，雨冰也。《左傳》云：凡雹皆冬之愆陽，夏之伏陰。

霧

《春秋元命苞》曰：霧，陰陽之氣。陰陽怒而爲風，亂而爲霧也。

虹蜺

《元命苞》曰：虹蜺者，陰陽之精。雄曰虹，雌曰蜺。《釋名》曰：虹，陽氣之動也。《月令章句》云：陰陽不和，婚姻失序，即生此氣。與日相眩，率以日西見於東方。

霽

《説文》曰：雨止也，雨止雲罷貌也。

贊曰：圓蓋之下，萬象三辰。風雲雷電，雨雷紛繽。

窅然其氣，欻然其神。照臨有赫，利澤維均。惟人事之，順則道循。忠孝有闕，乖戾斯陳。

歲時篇第六十四

春

《禮記・月令》：孟春之月，日在虛。其日甲乙，其帝太皞，其神句芒，律中太簇。仲春之月，日在營室，律中夾鐘。季春之月，日在婁昏，律中姑洗【一】。

贊闕

佛教篇第六十五 篇首闕

道安

《高僧傳》：道安名重當世。習鑿齒謂曰：「四海習鑿齒。」道安應聲曰：「彌天釋道安。」

支遁

《高僧傳》：支遁嘗畜一鷹，人或問之，曰：「賞其神俊。」又爲愛養馬【二】。

贊曰：佛教之來，歷二千年。得人爲多，聲名藹然。

【一】日在婁昏律中姑洗　「昏」字原缺，「中」字下原注「下闕」，據《禮記・月令》補。

【二】又爲愛養馬　「馬」原作「焉」，據《能改齋漫録・支遁臂鷹走馬》改。

圖澄羅什，神變無前。道安支遁，交結英賢。
辯辭奇巧，信史光傳。舉其大者，後來勉旃。

道教篇第六十六

老子

《內傳》：太上老君姓李，名耳，字伯陽。其母曾見日精下落如流星，飛入口中，因有娠。七十二歲而生。常有五色雲繞其形，五行之獸衛其室。於陳國渦水李樹下剖母左腋而生，鶴髮童顏，廣顙長耳，大目疏眉，方口厚脣。頂有日光，長二丈二尺，有四十八齒，耳豎大三門【三】。後受元君神圖寶章，變化之方，爲函谷關令尹喜著《道德經》。

魏伯陽

吴人也。本高門之子，而性好道術。後與弟子三人入山作神丹，丹成，知弟子心懷未盡，乃試之曰：「丹雖成，然先宜與犬試之。若犬飛者，然後人可服。若犬死，即不可服。」乃與犬，犬食即死。伯陽謂弟子曰：「作丹唯恐不成，今既成，而犬食之死，恐是未合神明之意，服之恐復如犬，奈何？」弟子曰：「先生當服之否？」伯陽曰：「吾背遺世路，委家入山，不得仙道，亦恥復還。死之與生，吾當服之。」丹入口即死。弟子相謂曰：「作丹以求長生，服之即死，奈何？」獨一弟子曰：「吾師非常人，服此而死，得無意

【三】耳豎大三門 「大」原作「天」，據《初學記》卷二三改。

矣【四】。」因乃復取丹服之，亦死。餘二弟子相謂曰：「焉用此爲！不服此丹，當自可更得數十年在世間。」遂不服，乃共出山，欲爲伯陽及死弟子求棺木。二子去後，伯陽即起，將所服丹内死弟子及白犬口中，皆起，仙去。道逢伐木人，作書寄謝二弟子。弟子悔恨。伯陽作《參同契》《五行相類》凡三卷，其説似《周易》。

鬼谷先生

晉文公時人。隱居鬼谷，因爲其號。先生姓王，名詡，亦居清谿山中。蘇秦、張儀從之學縱横術。二子欲馳騖諸侯之國，以智詐相須，不可化以至道，先生痛至道廢絶，數對秦、儀涕泣，然終不能寤。秦、儀道成别去，先生與一隻履，化爲犬，以引二子，即日到秦。先生凝神守一，在人間數百歲，後不知所之。秦皇時，大宛中多枉死者横道，有鳥銜草以覆死人面，遂皆活。有司上聞始皇，遣使賫草問先生。先生曰：「海中有十洲，此草是祖洲不死草也，亦名養神芝。其葉似菰，不叢生，一株可以活千人。」

劉政

沛人也。高才博物，學無不覽。以爲世之榮貴乃須臾耳，不如學道，可得長生。乃絶進趨之路，求養生之術，勤尋異聞，不遠千里。苟有勝己，雖奴客必師事之。復治《墨子五行記》，兼服未央丸。年百八十餘歲，色如童子。好變化隱形，以一人分作百千人。能種五果，立使花實。坐致行廚，供數百人。吹氣成風，飛沙揚石。以手指屋宇壺器，便欲

【四】得無意矣　「無」原作「元」，據《太平廣記》卷二「魏伯陽」條改。

頹壞。復指之，即還如故。忽老忽少，忽小忽大，入水不沾，召魚鼈蛟龍，即皆登岸。後去不知所之。

王遠

字方平，東海人。舉孝廉，除郎中，加中散大夫。通五經，尤明天文圖讖河洛之要，逆知盛衰之期。後棄官，入山修道。道成，漢桓帝聞之，連徵不出。使郡國逼載以詣京師。遠低頭，問不答詔，乃題宮門扇板四百餘字【五】，皆説方來之事。帝惡之，使削去之。外字適去，内字復見。遠還鄉里，同郡陳耽爲架道室【六】，旦夕朝拜之，但乞福，未言學道也。在陳家四十餘年，陳家曾無疾病死喪，奴婢皆然【七】，六畜繁息，田蠶倍獲【八】。遠忽語耽曰：「吾期運當去，不得久停，明日日中當發。」至於遠死，耽知其化去，具棺器燒香。至三日，夜忽失其屍，衣冠不解如蛇蛻。後百餘日，耽亦卒。或曰耽亦得道化去，或曰知耽將終，故委之而去。遠初過吴，行蔡經家，經小民耳。遠語經曰：「汝應得度世。汝不知道，今氣少肉多，不得上昇【九】。」於是告以要言，委經而去。經後忽身體發熱，舉家汲水灌之，如沃焦石。如此三日，銷耗骨立，乃入室，以被自覆，忽然失之。其家視其被内，唯有皮頭足具如蟬蛻也。去十餘年，忽還家，容色少壯，語家曰：「七月七日，王君當來。其日多作飲食，以供從官。」至其日，王君果來。聞金鼓簫管人馬之聲，而莫知所在。遠冠遠遊冠，朱衣，帶劍。遠坐，引見經父母兄弟，因遣人召麻姑，亦莫知麻姑是何神

【五】乃題宮門扇板四百餘字　「題」原作「懸」，「扇」字上原衍「四」字，據《神仙傳・王遠》改。

【六】同郡陳耽爲架道室　「架」原作「駕」，據《神仙傳・王遠》改。

【七】奴婢皆然　「皆然」二字原缺，據《神仙傳・王遠》補。

【八】田蠶倍獲　「蠶」原作「乘」，據《神仙傳・王遠》改。

【九】不得上昇　「昇」原作「去」，據《神仙傳・王遠》改。

也。麻姑至，是好女子，年可十八九，於頂上作髻，餘髮散垂至腰，拜遠。遠爲之起立。坐定，麻姑云：「接侍已來，見東海三爲桑田。向到蓬萊，水又淺於往日，將復爲陵陸乎？」麻姑手爪似鳥爪，經見之，心中念曰：「背大癢時，得此爪爬背，當佳也。」遠已知，即使人牽經鞭之，謂曰：「麻姑神人，汝何謂其爪可爬背邪！」遠曰：「吾鞭不可妄得也。」遠去後，經家所作飲食皆盡，亦不見有人飲食者。經亦去，其後數十年，經復暫歸家而已。

贊曰：大道無爲，而無不爲。德侔天地，把握玄機。生而神靈，造化推移。經傳尹喜，禮答仲尼。耀古騰今，莫之等夷。玄元之教，萬世之師。

神仙上篇第六十七

赤松子

《列仙傳》：茅君學道成而歸，自説「吾有神靈之職，某年月日當之官」。至期登羽車而上升。

張果

隱於恒州條山，嘗往來汾、晉間。人傳其有長年秘術，常乘一白驢，日行數千里，休則重疊之，其厚如紙，置巾箱中。乘則以水噀之，還成驢。開元二十三年，玄宗遣通事舍人裴悟馳驛迎之，肩輿入宮，備加禮敬【一〇】。累試仙術，不可窮紀。有道士葉法善亦多知，玄宗問曰：「果何人耶？」答曰：「臣知之。然臣言訖即死。若陛下免冠跣足救臣，臣即得活。」玄宗許之。法善曰：「此混沌初分蝙蝠精也【一一】。」言訖，七竅流血，僵仆於地。玄宗遽詣果，免冠跣足，自稱其罪。果徐曰：「此兒多口過，不謫之，恐敗天地間事。」久之，果以水噀其面，法善復生。其後果累乞歸恒州甚，乃詔給驛送之歸【一二】。一云賜銀青光禄大夫，號通玄先生。入常山，不知所終。

贊闕

【一〇】備加禮敬　「備」原作「被」，據《太平廣記》卷三〇「張果」條改。

【一一】此混沌初分蝙蝠精也　「分」字原缺，據《太平廣記》卷三〇「張果」條補。

【一二】乃詔給驛送之歸　「詔」原作「語」，據《太平廣記》卷三〇「張果」條改。

卷第十二

神仙下篇第六十八

廣成子

廣成子者，古之仙人也。居崆峒山石室之中，黄帝聞而造焉，曰：「敢問至道之要。」廣成子曰：「爾治天下，雲不待簇而飛【一】，草木不待黄而落，何足以語至道！」黄帝退而閑居三月，復往見之。膝行而前，再拜，請問治身之道。廣成子答曰：「至道之精，杳杳冥冥。無視無聽，抱神以静，形將自正。必净必清，無勞汝形，無揺爾精，乃可長生。慎内閉外【二】，多知爲敗。我守其一，以處其和。故千二百歲，而形未嘗衰。得吾道者上爲皇，失吾道者下爲土【三】。吾將去汝，入無窮之門【四】，遊無極之野，與日月齊光【五】，與天地爲常。人其盡死，而我獨存矣。」

黄安

黄安，代郡人。爲代郡卒，自云卑猥，不獲處人間，執鞭懷荆而讀書，畫地以記數。一夕，地多成池，時人謂安「舌耕」。年可八十餘，强視若童子。常服朱砂，舉體皆赤。冬

校勘記

【一】雲不待簇而飛　「簇」原作「族」，據《神仙傳·廣成子》改。

【二】慎内閉外　「閉」原作「閑」，據《神仙傳·廣成子》改。

【三】失吾道者下爲土　「土」原作「士」，據《神仙傳·廣成子》改。

【四】吾將去汝入無窮之門　「吾」「入」二字原缺，「去汝」原作「汝去」，據《神仙傳·廣成子》改。

【五】與日月齊光　「齊」原作「參」，據《神仙傳·廣成子》改。

不著衣，坐一龜，廣長三尺。時人問：「此龜有幾年矣？」曰：「昔伏羲始造網罟，得此龜以授吾，其背已平矣。此蟲得日月之光，一千年則一出頭。我坐此蟲，已五出頭矣。」行則負龜而趨。世人謂安萬歲矣。

周穆王

周穆王名滿，房后所生，昭王子也。昭王南巡不還，穆王乃立，時年五十矣。立五十四年，一百四歲。王少好神仙之道，常欲使車轍馬跡遍於天下，以倣黄帝。乃乘八駿之馬奔戎，使造父爲御【六】。得白狐玄貉，以祭于河宗。導車涉弱水【七】，魚鼈黿鼉以爲梁。還登於岍山，又觴西王母於瑶池之上。王母謡曰：「白雲在天【八】，道里悠遠【九】。山川山川，將子無死，尚能復來【一〇】。」王答曰：「余歸東土，和洽諸夏【一一】，萬民平均，吾顧見汝【一二】。」比及三年，將復而野。又至于雷首太行【一三】，遂入。王曰闕周時尹喜既適流沙，草樓在終南之陰。王追其舊跡【一四】，招隱士尹軌、杜沖，居於草樓，因號「樓觀」，駕從詣焉。王造崑崙，時飲峰山石髓，食玉樹之實，又登群玉山，西王母所居。皆得飛雲沖天之道，而示跡託形者，蓋所以示民有終耳。况其飲琬琰之膏，進甜雪之味，素蓮黑棗，碧藕白橘，皆神仙之物，得不延期長生乎？又云，西王母降穆王之宮【一五】，相與升雲而去。

【六】乃乘八駿之馬奔戎使造父爲御　「戎」原作「成」，「使」原作「舉行」，據《太平廣記》卷二「周穆王」條改。

【七】導車涉弱水　「導」原作「尊」，據《太平廣記》卷二「周穆王」條改。

【八】白雲在天　「天」原作「一」，據《太平廣記》卷二「周穆王」條改。

【九】道里悠遠　「里」原作「出」，據《太平廣記》卷二「周穆王」條改。

【一〇】尚能復來　「復」原作「後」，據《太平廣記》卷二「周穆王」條改。

【一一】和洽諸夏　「洽」原作「治」，據《太平廣記》卷二「周穆王」條改。

【一二】吾顧見汝　「顧見汝」原作「願此女」，據《太平廣記》卷二「周穆王」條改。

【一三】又至于雷首太行　「至」原作「生」，「太」原作「大」，據《太平廣記》卷二「周穆王」條改。

【一四】王追其舊跡　「其」原作「有」，據《太平廣記》卷二「周穆王」條改。

【一五】西王母降穆王之宫　「穆」「之」二字原缺，據《太平廣記》卷二「周穆王」條改。

【一六】麋角散　「散」原作「鼓」，據《太平廣記》卷二「彭祖」條改。

【一七】亦不作詭惑變化鬼怪之事　「惑」原作「或」，據《太平廣記》卷二「彭祖」條改。

【一八】窈然無爲　「窈」原作「竊」，據《太平廣記》卷二「彭祖」條改。

彭祖

姓籛，諱鏗。顓頊之玄孫也。至殷末已七百六十七歲，而不衰老。少好恬静，不恤世務，不營名譽，不飾車服，唯以養生治身爲事。王聞之，以爲大夫。常稱疾閑居，不與政事。善於補導之術，并服水擣雲母粉、麋角散【一六】。常有少容，然其性沈重，終不自言有道，亦不作詭惑變化鬼怪之事【一七】，窈然無爲【一八】。少周遊，時還獨行，人莫知其所詣，伺候竟不見也。有車馬而常不乘，或數百日，或數十日，不持資糧。還家，則衣食與人無異。常閉氣内息，從旦至中【一九】，乃危坐拭目，摩搦身體，舐唇咽唾【二〇】，服氣數十，乃起行言笑。其體中或疲倦不安，便引導閉氣，以攻所患。心存其體【二一】，頭面九竅，五臟四支，至于毛髮，皆令其至覺。其氣雲行體中，故於鼻口下達十指末，尋即體和。王自往問道，不告。致遺珍玩，前後數萬金，而皆受之，以恤貧賤，略無所留。彭祖曰：「欲舉形登天，此道至大，非君王之所能爲。其次當愛精養神，服藥草可以長生【二二】，但不能役使鬼神，乘虛飛行。不知交接之道，縱服藥無益也。吾喪四十九妻，失五十四子，數遭憂患【二三】，和氣折傷。今肌膚不澤，營衛焦枯，恐不度世。所聞又淺薄，不足宣傳。大宛山中有青精先生者，能終歲不食，亦能一日九食，真可問也。」王但以彭祖之教試之，有驗。王傳彭祖之道，欲秘之，乃下令國中，有傳彭祖之道者誅之【二四】。又欲害彭祖，祖知之，乃去，不知其所之。後七十年，人於流沙國西見之。後有黃山君者，修彭祖之道，壽數百歲。乃追論其言，以爲《彭祖經》云。

黄鶴樓

江夏郡人幸氏，酤酒爲業。一日有一道人，形貌魁偉，衣服藍縷，掉臂入門就座，殊無禮貌，顧謂幸曰：「能以一杯好酒飲吾否？」幸氏子雖年少，雅亦好道舉，常與方外之士爲友，聞之欣然許諾，即以上尊一杯奉之。道人一舉盡之，亦不相謝，拂袖出門去。至來日，如期而來。幸不待其求，即以飲之。飲已，輒徑去。似此者僅半年，道人初無一言，幸氏子亦無倦色。一日忽呼幸氏子謂曰：「我多負爾酒資也，屬此行無錢奉酬。」遂探所攜一藥籃中，得橘皮少許，於壁畫一仙鶴。畫畢，指示幸云：「以此奉答，但有客飲酒，即唱歌拍手以爲節，招此鶴，當爲君舞以佐尊。」言訖遂去。幸亦未甚信之。繼而有客三數人來，見所畫鶴，問其所以，幸以實告。客於是依其言唱拍以招之，其鶴倏已蹁躚而舞，回翔宛轉，良中音節。以其橘皮所畫，其毛羽帶黄，人莫不驚異。當其舞時，宛然素壁也。舞罷而去，則依然畫鶴也。自是人人争欲來觀，幸氏遂限之以沽酒之價，非數千不能得觀也。十年之間，家貲危累千萬。一日，其道人惠然而來，謂幸氏子曰：「嚮時貧道飲公酒，所答薄否？」幸見之，拜且跪謝曰：「賴先生所畫鶴，今事産方之昔日，何啻百倍。未嘗一日敢忘恩德，但恨不知先生所居。今者承蒙不棄凡俗，復此榮過。若能少留，當舉家具厠役之職，供備灑埽，先生有意終惠之乎？」先生笑曰：「吾豈久此者耶！」於藥

【一九】從旦至中　「至」原作「止」，據《太平廣記》卷二「彭祖」條改。

【二〇】舐脣咽唾　「咽唾」原作「哮呧」，據《太平廣記》卷二「彭祖」條改。

【二一】心存其體　「存」原作「一」，據《太平廣記》卷二「彭祖」條改。

【二二】服藥草可以長生　「服」原作「示」，據《太平廣記》卷二「彭祖」條改。

【二三】數遭憂患　「遭」字原缺，據《太平廣記》卷二「彭祖」條補。

【二四】有傳彭祖之道者誅之　「彭」字原缺，據《太平廣記》卷二「彭祖」條補。

籃中取一短笛，作數弄。須臾有白雲自空而下，垂簷楹間。所畫鶴飛下，先生跨鶴乘雲，冉冉而去。闔郡望之，杳杳然没於霄漢，猶聞笛聲。幸氏於是就其處建一樓，榜之曰「黄鶴樓」。後崔顥題詩云：「昔人已乘白雲去，此地空餘黄鶴樓。」

胡釘鉸

唐胡釘鉸，不知名，以釘鉸爲業，人因以呼之。日得百錢，便詣酒家，醉則臥於路衢，人以爲有道者。然亦畜妻子，蹤跡疏散，不可測其能。他人或問云：「爾能釘鉸，還釘得虚空否？」應聲曰：「你打破將來。」時鄉里縣尉聞其名，往見之。釘鉸即賦詩一絶云：「忽聞梅福來相訪，笑著荷衣出草堂。兒童不慣見車馬，走入蘆花深處藏。」人多傳誦之。後舉家隱於嵩高山，不知所終。

白樂天

唐會昌中，李師稷中丞爲浙東觀察使。時有商客遭風飄蕩，不知所之。月餘，至一大山，瑞雲奇花，白鶴異樹，非人間所有。山側有人迎問曰：「安得至此？」具言之。令維舟上岸，云：「須謁天師。」遂引至一處，若大宮觀。通入，見一道士，鬚眉皓白。復有一處院宇扃鎖，云：「白樂天所居，樂天在中國未來耳【二五】。」其人回，以語樂天。題詩云：「吾學真空不學仙，恐君此語是虚傳。海山不是吾歸處，歸則須歸兜率天【二六】。」闕常降於雄教家闕無諸惡惱闕願生無量壽佛所。

【二五】樂天在中國未來耳　「樂天」二字原缺，據《太平廣記》卷四八「白樂天」條補。

【二六】按此以上出《太平廣記》，此以下爲《居士集·白樂天》中語，文中有讚「極樂世界清净土，無諸惡道及衆苦。願如我身病苦者，同生無量壽佛所」。

蕚緑華

神仙也。與羊權云【二七】：「勤人所不能勤，學人所不能學。他人行嗜慾【二八】，我行介獨；他人嗜色味，我學恬淡；他人動聲利，我動內行。世人得老死，我得長生。故我行之已九百歲矣。」授權尸解藥并隱影化形術而去。時有人見於湘東山中。

贊闕

【二七】與羊權云　「云」字下原衍一「云」字，今刪。

【二八】他人行嗜慾　「行」原作「學」，據《太平廣記》卷五七「蕚緑華」條改。

女仙篇第六十九

毛女

唐大中初，有陶太白、尹子虛二人遊嵩華間。松梢有二人笑聲，二人問曰：「莫非神仙乎？」笑者一曰：「我秦之宮人。」一曰：「我秦之役夫也。秦皇役調繁，我遁跡山中爾。」宮人云：「始皇欲以我爲殉，因爾逃竄。吾二人在山，服草木，歲久身輕，遍體生毛。」久之，曰：「吾當去矣。」相别但覺超然，莫知所之。陶、尹自此亦得道矣。

王積薪

唐人。嘗行山間，迷失道。遇夜見小茅舍，即叩門求宿。惟兩婦人，遂止積薪使宿，而無鐙火。夜久，其婦人老者呼曰：「夜長無以消遣，新婦可共弈棋？」婦應曰：「諾。」積薪素亦善弈，訝其無燭，遂竊聽之。新婦云：「新婦先從第幾著也。」姑應之曰：「我從第幾行幾著也。」如此口言其著處，初無棋局，至十餘往返，姑曰：「新婦你輸十一路也。」婦曰：「然。」積薪一夜不寐，悉記其著，而終不能曉十一路之理。凌晨具衣冠見之，叩以棋事。老婦云：「汝熟思，當自得之。」積薪自此爲天下第一。數日，復往詣之，并茅屋皆不復見，但荒山耳。人言積薪遇棋仙也。

李筌

李筌自號達觀子，居嵩山少室中。於虎口巖中得黄帝《陰符經》本，其本糜爛。筌鈔讀數千遍，竟不曉其義。一日，於驪山下逢一老姥，奇之，因隨其後，見一楛樹。姥曰：「火生於木，禍發必尅。姦生於國，時動必潰。」筌曰：「此黄帝《陰符經》，母何得而言之？」姥曰：「吾受此經，已三元二百甲子矣。」筌乃具告所以。姥曰：「乃吾弟子也。」遂坐石上，與説《陰符》之義：「有本者爲師，受者爲弟子，不得以富貴爲重，貧賤爲輕，如傳同好，當盟齋而受之。本命日誦三七遍，可以延年益壽。時已過午，吾有麥飯相與，可取水來。」遂授一盂。筌於谷口取水，水滿盂而不能舉，遂沈。及回，已失母所在，惟留麥飯數升于石上。香美，取而食之。後遍遊名山，不知所終。

崔煒

不知何許人。家貧，常於僧開元寺棲止。有一老嫗行乞，誤倒賣糖人擔，其人苦辱幾死。煒因救解得免，脱衣爲出其直。嫗曰：「謝子脱難，無以見酬。我雖行乞，有艾少許相與。遇患贅疣，一灸便止。」後煒遊海光寺，遇老僧患此在耳，一灸即愈。僧大喜曰：「貧僧無以奉酬，直此處有任翁者，其家巨富，亦患此疾。君去，當厚得其酬。」遂修書遣人送之。煒隨其往至其家，炷之，隨手痂落。主人喜曰：「幸毋草草而去，當以十萬錢奉之。」置酒飲罷，至夜就寢其室，不知户已扃矣。其家妻事猖神三年，必殺生人以獻之。至是事已迫矣。主人謂其子曰：「門下客可享神，即磨刃以俟。」其女知之，私以刀詣煒曰：「我家將不利于子，汝可破窗而遁。」煒即破窗遁去，而身墮眢井中。井傍一穴有白蛇，而頗有贅疣。煒竊念得火可灸，忽有風飄野火入井，得而灸之，亦應手痂落。煒禱祝蛇曰：「汝若飛去，當救我於難。」即跨其身，蛇遂蜿蜒如有所適，即於穴中觸一門，即有人開。蛇去，及入，如神宇，一室有琴棋。煒取琴鼓之，有一女出，喜曰：「玉京子召崔家郎君至矣。」延坐茶話久之，又曰：「聞有鮑姑艾，可留少許。」良久，又二女出迎相見，煒惟求速歸。女曰：「待羊城使者來，當送汝歸鄉里。」少頃，果有一人騎白羊，自空冉冉而下。女曰：「崔郎欲求歸，帝已配田夫人矣。」煒曰：「夫人謂誰？」曰：「齊王田横女也。」即召夫人。夫人不至，曰：「未奉帝命，不敢私詣。」遂與羊城使者歸。女曰：「當與國寶。陽燧珠可直十萬貫錢，至彼當有胡人自求買。至鄉，可具酒肴於蒲澗寺迎我，我當送田夫人來。」至此遂别去。羊城使者送出穴。煒至鄉，不投諸寺，而抵野邸貨珠。果有胡人見珠而喜，曰：「郎君入南越趙佗墓中來。不然，何以得此寶珠？我大食國失此寶已久，有能玄象者云來歲國寶當還，我固俟之已久。」遂與錢十萬貫，煒由此巨富。至期日，具酒肴於蒲澗寺。至夜半，二女果送田夫人至。夫人儀貌甚整，出語温雅。二女酒後則去，煒問夫人曰：「鮑姑是誰？」曰：「鮑静女、葛洪妻也。多行灸道於人間。」曰：「呼蛇爲玉京子者何也？」曰：「安期生常跨斯龍朝玉京，故號玉京子。」遂與夫人入羅浮山，不知所終。

贊曰：神仙之道，本乎精專。陽精陰魄，各務純全。
煉陽致一，飛昇九天。淳陰至極，亦造重玄。
瑶臺圖籙，閬苑宗傳。上元王母，遊焉息焉。

鬼神上篇第七十

盧佩

貞元末，渭南縣丞盧佩性篤孝。其母病腰脚，不能下牀，不堪痛楚。佩即棄官，奉母歸長安，寓于常樂里之别第。將欲竭産，以求國醫王彦伯治之。未至，望候於門，心摇目斷。日既漸晚，忽一婦人，姿容絶麗，乘一馬，從一女奴，從里門西疾馳東過。有頃，復自東來，至佩處駐馬，謂佩曰：「觀君顔色憂沮，又似有所候待，請問之。」佩以情告。婦人曰：「彦伯國醫，無容至此。妾有薄技，不減彦伯。請一見太夫人，必取平差。」佩驚喜，拜于馬首：「誠得如此，請以身爲僕隸。」佩即入白母，遂引至母前。婦人纔舉手候之，母已能自動矣。於是一家懽躍，遺以金帛。婦人曰：「此猶未也。當進一服藥，非止盡除痼疾，抑亦永享眉壽。」母曰：「老婦將死之骨，爲大師再生，未知何可上答？」婦人曰：「但不棄細微，許奉九郎巾櫛，常得在太夫人左右則可，安敢論功乎【二九】！」母曰：「佩猶願以身爲大師奴，今反得爲夫，有何不可！」婦人再拜謝，遂於女僮手取所持小妝匳中取藥一丸，至以進母。入口，諸苦釋然頓平。即具六禮，納婦爲妻。婦人朝夕供養，妻道嚴謹，然每十日即請一歸本家。欲以車轝送迎，固辭不肯，唯乘舊馬，從女僮，倏忽往來，略無蹤跡，頗以爲異。一旦伺其出，佩潛往窺之。出延興門，馬行空中。驚問行者，皆不見之。佩自隨至城東墓田中，巫者陳設酒餚紙錢，瀝酒祭地。見婦人下馬，接而飲之。女僮隨後收拾紙錢於馬上，即變爲銅錢，方知其爲妖異矣。

王紹

明經王紹夜深讀書，有人隔窗借筆。紹借之，於窗上題詩曰：「何人窗下讀書聲，南斗闌干北斗橫。千里思家歸不得，春風腸斷石頭城。」詩訖，將筆還紹，寂無人聲。紹出視之，外門扃閉如故，乃知其非人也。

贊曰：鬼物陰靈，感斯則見。人苟惑之，隨情遷變。福少禍多，應機宜辨。桃茢巫師，靈符丹篆。

【二九】安敢論功乎　「安」原作「妄」，據《太平廣記》卷三〇六「盧佩」條改。

邪氣既成，祛之已晚。以正處心，敬之斯遠。

鬼神下篇第七十一闕

卷第十三

婚姻篇第七十二

晉太子

《左氏傳》：晉太子圉爲質於秦，秦妻之以女。將逃歸，謂秦女曰：「與子歸乎？」對曰：「子晉太子，而辱於秦。子之欲歸，不亦宜乎！寡君之使婢子執巾櫛，以固子也。從子而歸，棄君命也。不敢從，亦不敢言。」圉遂逃歸。

温嶠

《晉書》：温嶠，字太真。姑有女，美姿容。一日，姑謂嶠曰：「當與妹求一嘉壻。」嶠曰：「安比？」姑曰：「何敢希汝比？」後數日，嶠白姑曰：「已得壻矣。」因下玉鏡臺一枚。至期，乃嶠也。女去障面扇笑曰：「我固疑是老奴。」遂成姑舅之婚姻。

申女

《列女傳》：邵南申女許嫁，而夫家禮不備。女曰：「夫家輕我，一物不備。守節持義，必死不往。」

鄭太子

《左傳》：北狄攻齊，齊求救於鄭。鄭使太子忽將兵救齊，大敗狄衆。齊侯欲以女妻忽，忽曰：「齊大，非吾耦也。」辭而不取。

朱陳村

徐泗間有一村，居民皆姓朱。有一村，居民皆姓陳。於是二村世爲婚姻，風俗淳厚，禮法簡嚴，天下稱之曰「朱陳村」。

贊曰：婚姻之道，古昔所敦。以重嗣續，以正人倫。鳳占協吉，雁幣斯臻。恩則夫婦，職則蘩蘋。慈於教子，孝以安親。孰云齊鄭，有愧朱陳。

死喪篇第七十三

魯哀公

《家語》：哀公問孔子曰：「人之命與性何謂也【一】？」孔子對曰：「分於道謂之命，形於一謂之性，化於陰陽象形而發謂之生，化窮數盡謂之死。故命，性之始也；死，生之終也。有始必有終也。」

【一】人之命與性何謂也　「也」原作「乎」，不通，據《孔子家語》作「也」，據改。

淮南子

《淮南子》云：「吾生有七尺之軀，死有一棺之土。」

季平子

魯季平子卒，以君之璵璠斂，贈以珠玉。孔子聞之曰：「送死以寶玉，是猶暴屍於中原【二】，示人以姦利之端。」

孔子

《禮記·檀弓》曰：「孔子之衛，遇舊館人之喪。入而哭之，出使子貢脱驂而賻之。」鄭玄注云：「賻，助喪用也。騑馬曰驂。」

劉元濟

宋劉元濟出行，見道邊死人，遂賦詩曰：「淒涼徒見日，冥寞詎知年。魂兮不可問，應爲直如弦。」

秦始皇

《史記》：秦始皇之葬驪山，起墳高五十丈，周迴七百步，以明月珠爲日月，人魚膏爲燈燭【三】，水銀爲江海，金銀爲鳧鶴。

文王

《呂氏春秋》曰：昔王季死，葬於渦水之尾。欒水齧其墓，見棺之前和。文王曰：

【二】是猶暴屍於中原　「猶」原作「由」，據《孔子家語》改。

【三】以明月珠爲日月人魚膏爲燈燭　「日」「魚膏」下原注「闕」，據《錦繡萬花谷》引《三輔故事》補。

「譆！先君必欲一見群臣百姓也夫，故使欒水見之【四】。」於是出而爲之張朝，使百姓皆見之。

墨子

墨子曰：古者聖王制爲葬埋之法，曰：「棺三寸，足以朽體；衣三領，足以覆惡。下不及泉，上無通臭。三王豈財用不足哉？以爲葬埋之法。」

董卓

《後漢》：董卓死，其黨葬之。天大雷雨，漂其屍出者數日。

贊曰：死生定命，冥數莫移。進德積善，或能過期。驕恣兇暴，短折傾危。紙衣瓦棺，巨盜莫窺。奢淫厚葬，剖封暴屍。儉爲世戒，墨翟何譏。

牀席篇第七十四

孟嘗君

《戰國策》：孟嘗君豪俠。出行五國，至楚，楚王獻之以象牙牀。

武帝

《西京雜記》：武帝宴西王母，設珊瑚牀，又爲七寶牀於桂宮，紫錦帷帳。

【四】故使欒水見之　「欒」原作「明」，據《呂氏春秋·開春論》改。

管寧

《高士傳》：管寧，字幼安，常坐一木牀，積五十餘年，當膝處皆穿，而不易。

曾子

曾子疾革。童子曰：「華而晥，大夫之簀與？」曾元止之曰：「勿言之！」曾子聞之，謂曾元曰：「子之愛我，不若是童子。」遂易簀而死。

劉玄

《漢書》：劉玄，字聖公，稱帝於南陽，號更始皇帝。見群臣列位，羞不能對，以手刮席。

戴憑

《東觀漢紀》：戴憑，字次仲，正旦朝賀，帝會群臣能説經史者，更相詰難，義有不通者奪其席，以與通者。憑遂坐數十席。

管幼安

好學，有大志，常與友共席爲學。適有鳴鼓吹以過門者，其友起視之。幼安曰：「大丈夫當自取富貴，何用看他人？子非我友也。」遂割其坐席之半與之。

原憲

《家語》：子貢結駟連騎，來見原憲；原憲桑樞甕牖，以席爲門云。

成王

《尚書》：成王將崩，南嚮敷重蔑席，東嚮敷重厎席，西嚮敷重豐席，南嚮敷重筍席。

晉太子

晉《東宫舊事》曰：太子獨坐龍鬚席。

毛詩

《柏舟》篇云：「我心匪席，不可卷也。」

贊曰：牀席之設，本爲身謀。以安以適，以息以休。
龍鬚象牙，妝飾雕鎪。誨淫習奢，或承之羞。
隱居志學，蒲萱茅蒐。槁梧枯木，惟道是修。

扇枕篇第七十五

黄香

《東觀漢記》：黄香，字文儒，至孝。事母，暑則扇枕，冬則温席。

王羲之

《晉書》：王羲之善書。有老姥賣素扇，羲之取而書之，姥不懌。羲之謂曰：「但言王右軍書。」姥如其言，人争市之。後持數扇來求書，羲之笑而遣之。

盧毓

唐進士盧毓下第，寓邯鄲邸中，坐而長歎。傍有磨鏡叟問曰：「君何歎？」毓曰：「不能如意，故歎。」叟於囊探一枕，傍有小竅，與毓曰：「但枕此，可以如意。」毓亦不甚信，姑順其意，取而枕之以臥，則遂夢入枕竅中。則宛然在京師，遂赴舉，擢第入仕，娶妻歷任，生三男，皆婚姻，已至年老，官顯甚榮耀。一日老病且死，聞其妻子舉哀哭聲，遂颯然而悟，則身在邯鄲邸中，老叟尚在傍。於是以枕還之，遂學道，不復求仕。

毛詩

角枕粲兮，錦衾爛兮。

王宗寶

唐王宗寶巨富，家有白龍皮扇。每夏日會客，置于座隅【五】，則一室清寒。

謝安

《晉書》：謝安爲相，有故人來見安。安問其何有，其人曰：「有蒲葵扇數百未售。」安於是取其一自持之。朝士大夫争效，買之幾盡，故人遂大有所得。其爲人望如此。

贊曰：資生之具，既多且繁。扇枕之設，隨時便安。
寢焉斯稱，揮則生寒。蒲葵角枕，望重朝端。
幻化罔測，孝思莫刊。名同製異，巧拙存焉。

【五】置于座隅　「置」原作「致」，據《開元天寶遺事·龍皮扇》改。

舟車篇第七十六

丹朱

《尚書・益稷》篇云：無若丹朱傲，罔水行舟，朋淫于家，用殄厥世。

周易

《繫辭》云：刳木爲舟，剡木爲楫，舟楫之利，以濟不通。

陳季卿

唐陳季卿，衡湘間人。久住長安未第。一日訪僧於開元寺，值僧出，遂憩於僧房。時有一褐衣老叟，亦來同坐。季卿看壁間《華夷圖》，於是尋其鄉里，不覺長歎。叟曰：「先輩何故歎？」季卿曰：「久不到鄉里，思家耳。」叟曰：「庭下取一竹葉來。」季卿爲取之，叟即將竹葉作一小舟，黏於《華夷圖》渭水上，曰：「先輩熟視之，即當如願。」季卿視之，則渭水波瀾洶湧，身已在舟中。順流而下，旬餘到家。住一日，自思以謂試期逼，不可久留，因復上所乘舟而來。既已到長安，則方悟，急來開元寺，則僧尚未至，老叟尚猶擁褐而坐。

李膺

後漢李膺，字元禮。郭泰，字林宗。後歸鄉，諸儒送之，泰與膺同舟而濟，衆賓望之，以爲神仙。

盧充

《志怪録》：漢盧充，范陽人。家西四十里有崔少府女墓，充因獵，忽見朱門大第，有人迎充見少府，曰：「近得君尊書，爲君娶吾小女，故相邀。」將書示充，乃充亡父手札。崔乃命女妝飾相見。成禮，留三日，送充至家。經三年，三月三，充出臨水戲，忽見水上二犢車，乍沈乍浮。既達岸，充視車中，見崔氏與三歲兒共載，其别車即崔少府也。抱兒還充，曰：「此君兒也。」俄而不見。及兒長成後，歷任數郡。

袁彦伯

晉袁宏，字彦伯，少以文采著名。乘船宿牛渚，于時始秋，風清月朗。宏中夜起，誦所作詩。時謝鎮西亦泊此渚，聞宏言詞，皆素所未聞，乃乘小舟，歷諸商估，問誦詩者。或云：「袁郎也。」謝於是進舟與語，大相賞，結交而去。

荀勖

《世説》：荀勖爲中書監，和嶠爲令。監、令從來共車出入。嶠性雅正，常疾勖諂諛。後公車來，嶠便登車，向前坐，不復容勖。勖方更覓車【六】。監、令各給車，從此始。

張湛

《後漢》：張湛爲蜀太守，乘折轅車。

【六】勖方更覓車　「更」原作「便」，據《世説新語·方正》改。

衛玠

晉衛玠有異人之望。髫齔時，乘白羊車於洛中，觀者皆曰：「誰家璧人？」後徙豫章，至郡，人久聞名，看如堵。玠先有羸疾，至是不堪其勞，遂死。人曰「看殺」。

老子

老子注《道德經》【七】，「三十輻」章云：三十輻共一轂，當其無，有車之用。

尹喜

《列仙傳》：尹喜爲函谷關令，望見紫氣，曰：「有聖人至。」頃之老子乘青牛車而來。

贊曰：舟車之利，以濟不通。四溟浩渺，雖遠必窮。
九州遼邈，雖廣斯從。一航萬斛，其用則同。
梁輈軾軔，戰艦艨艟。聖人製作，世享厥功。

鐙燭篇第七十七

四明夫人

《洞冥録》：唐進士李華讀書於開覺寺，時夜將半，聞窗外有人吟誦聲。華就窗隙間視之，見紅裳女子步庭砌間，誦詩云：「金殿不勝秋，月斜石樓冷。誰是相顧人，褰衣弔

【七】老子注道德經　按「注」爲「著」之誤。

孤影。」華愛其吟，因具衣冠，出而邀之。女子遂相顧揖，詣華書室共坐。女子自稱云：「我爲四明夫人也。」及將曉，辭去。華躡其後，見其入闕至佛座前長闕前遂不見來闕言之於寺僧。有老僧曰：「此是闕鐙之精也。此闕已數百年矣。」四明夫人者，屢有人見之。

漢武帝

《幽明録・異書》：漢武帝以玄豹白鳳膏磨青錫屑，以酥油和之爲鐙。雖雨中鐙不滅。

淮南子

《淮南子・萬畢術》曰：取蚖脂爲鐙，置水中，可見諸物。

匡衡闕

徐吾

《列女傳》：徐吾者，東海上貧婦人也。與鄰婦李吾合燭夜績【八】。李吾曰：「徐吾無燭，請無夜。」徐吾曰：「妾以貧故，起常在先，臥常在後。灑埽陳席，以待來者。今益一人，燭不爲益暗；去一人，燭不爲益明【九】。何愛東壁之餘光？」

令狐綯

令狐趙公【一〇】，大中初在內廷直翰苑，常召對，夜久方罷。帝命以金蓮燭送歸院，院使已下謂車駕來【一一】，皆趨階陛之下。少頃，乃綯也，衆皆榮異之。金蓮花燭

【八】與鄰婦李吾合燭夜績　「鄰」原作「郡」，據《列女傳・齊女徐吾》改。

【九】今益一人燭不爲益暗去一人燭不爲益明　「暗」原作「明」，「明」原作「暗」，據《列女傳・齊女徐吾》改。

【一〇】令狐趙公　此四字原本注「闕」，據《唐摭言》補。

【一一】帝命以金蓮燭送歸院院使已下謂車駕來　「院院」原本注「闕」，「使」原作「吏」，據《唐摭言》改。

柄【一二】，唯至尊方得用故也。

顔叔子

《史記》：顔叔子獨居一室，夜大雨，比舍室壞【一三】，所居寡婦叩門來投叔子。叔子令女子闕執燭於門，達曉乃已。

嬾婦

《紀異》曰：東海有魚，其肉可以爲油。然之，爲飲燕之鐙則明，以爲織紝婦功之鐙則闇，故謂「嬾婦魚」。

寇萊公

《唐宋摭遺》：寇準，字平叔，豪侈冠一時。照夜不以油鐙，一色以蠟燭。所至雖溷厠間，皆燭淚成堆。

楚莊王

《戰略》曰：楚莊王賜群臣酒，日暮燭滅，有引美人衣者。美人援絶其冠纓，以告王。王曰：「人醉失禮，奈何欲顯婦人之節以辱士乎【一四】？」乃命群臣皆絶去冠纓，然後上燭。一本云欲罪其士，或諫曰：「王飲人以狂藥，豈可責人以正禮？」王愧其言，於是命坐客皆絶其纓。

贊闕

【一二】金蓮花燭柄　「金蓮花」三字原本注「闕」，據《唐摭言》補。

【一三】比舍室壞　「室壞」原本注「闕」，按此條實出《毛詩傳》，據之改。

【一四】奈何欲顯婦人之節以辱士乎　「節」原作「失」，據《初學記》卷二五改。

冠履篇第七十八 闕

酒食篇第七十九 闕

羹肉篇第八十

傅說

《尚書・說命》篇：高宗夢得說，爰立作相。乃命曰：「若金，用汝作礪；若作和羹，爾惟鹽梅。」

宋公子家【一五】

《左傳》：鄭公子家、子公入見謂靈公。子公食指動，示子家曰【一六】：「必食異味。」及入，公使宰夫解黿。子公笑曰：「果然！」及食大夫黿羹，公故不與子公。子公怒，染指於鼎而出，遂謀弒靈公。

華元

《說苑》曰：鄭伐宋，宋將戰。華元殺羊享士，其御羊斟不與。及戰，羊斟曰：「昔日之羊羹，子爲政；今日之事，我爲政。」與華元馳入鄭師，遂敗績。

【一五】宋公子家　據《左傳・宣公四年》，此題目當作「公子宋」。

【一六】示子家曰　「示」原作「之」，據《左傳・宣公四年》改。

漢高祖

《史記》：高祖父太公爲項羽所得，致於俎上，以招高祖曰：「不來，則烹之。」高祖曰：「我與若約爲兄弟，我父即爾父也。若必欲烹之，幸分我一杯羹。」高祖微時，常過其寡嫂食。嫂厭之。一日又與賓客過之，嫂佯爲羹盡櫟釜聲【一七】。高祖恨之。及即位封宗族，而兄之子不及封。太公以爲言，高祖曰：「非敢忘之，爲其母不仁。」遂封之爲羹頡侯。

司馬子期

《戰國策》曰：中山君享大夫，司馬子期在焉。羊羹不遍，子期怒，奔楚。楚伐中山。中山君喟然而仰歎曰【一八】：「吾以一杯羊羹，至於亡國。」

潁考叔

《左傳》：潁考叔爲潁谷封人，有獻於鄭莊公，公賜之食，食舍肉。公問之，曰：「小人有母，嘗君之食矣，未嘗君之羹也。請以遺之。」

孟子

孟子曰：「君子之於禽獸也，見其生不忍見其死，聞其聲不忍食其肉。」

晉平公【一九】

孟子曰：「晉平公之於亥唐也，入云則入，坐云則坐，雖疏食菜羹，未嘗不飽，蓋不敢

【一七】嫂佯爲羹盡櫟釜聲　「櫟」原作「轢」，據《左傳・宣公四年》改。

【一八】中山君喟然而仰歎曰　「喟然而仰歎」，此處原本注「闕」，據《戰國策・中山》補。

【一九】晉平公　此處及文中「平公」原作「文公」，據《孟子・萬章下》改。

不飽也。」

孔子

《鄉黨第十》云：祭肉不出三日。非祭肉，不拜。雖蔬食菜羹，瓜祭，必齋如也。割不正，不食。君賜腥，必熟而薦之。

王曾

王曾，宋人。爲丞相，家人未嘗見其怒。一日下朝甚晏，極餒，急索食。家人欲試之，使左右進羹至前，佯爲蹶仆，羹與器皿皆覆於地。左右徐起請罪，公徐曰：「羹爛汝手乎？」其寬如此。

陳平

《漢書》：陳平爲里中社分肉甚均。父老曰：「善。」平曰：「使平得宰天下，亦如此肉。」

桓譚

漢桓譚著《新論》曰：「人聞長安樂，出門西向而笑。人知肉味美，過屠門而嚼。」

楚辭

《楚辭》曰：「懲於羹者吹齏。」王逸注曰：「言人食羹而熱，心中懲之，見冷齏而吹之。」

呂氏春秋

《呂氏春秋》云：「肉之美者，猩猩之脣。」又云：「善學者，若齊王食雞，必食其跖數千而後足也。」

張協

《後語》云：張協嘗作《七命》曰：「封熊之蹯，翰音之跖。鷰髀猩脣，髦殘象白。」

閔仲叔

《東觀漢記》曰：閔仲叔客居安邑，家貧不能置肉，日買一斤豬肝。

東方朔

東方朔《神異經》曰：南方有獸，名曰「無損」，其肉可作鮓。

彭鏗

《楚辭》曰：「彭鏗斟雉。」王逸爲之注曰：「彭鏗，彭祖也。斟雉羹事堯。」

王遠

《神仙傳》：王遠至蔡經家，與麻姑共設肴饍，皆珍味，有麒麟之脯。

何曾

晉何曾豪侈，每食蒸餅，上不坼作十字者不食。

荀氏

漢荀氏作《四時列饌傳》曰：春祠以曼頭餅，夏以白環餅代之。又《五行書》曰：十月亥日食餅，令人無病。

贊曰：食之有羹，以調五味。魚肉脯羞，老疾斯貴。各務適中，輔成食氣。飛走山淵，甘鮮肥脆。撕以刀砧，烹之鼎器。奉養過差，實傷仁類。

奴婢篇第八十一

箕子

《史記》：殷紂暴虐，箕子諫之，不聽。於是囚箕子爲奴。

季布

《漢書》：季布爲項羽將，數窘漢王。漢得天下，布遂逃匿，賣身於魯朱家爲奴。後高祖赦之，乃見帝。帝遂封之。

衛青

《漢書》：衛青爲平陽公主家奴，相者曰：「後當富貴。」青曰：「爲人奴，得免笞捶足矣，何富貴之敢望！」

石勒

晉末石勒，上黨人，少時嘗爲人掠賣爲山東李氏奴。

童區寄

唐柳子厚文云：童區寄者，柳州蕘牧兒也。行牧且蕘，二豪賊劫持，反接，布囊其口，去逾四十里，之虚所賣之。寄僞兒啼，恐慄爲兒恒狀。賊易之，對飲酒醉。一人去爲市，一人臥，植刃道上。童微伺其睡，以縛背刃，力上下，得絶，因取刀殺之。逃未及遠，市者還，得童，大駭，將殺之。童遽曰：「爲兩郎僮，孰若爲一郎僮耶？彼不我恩也。郎誠見完與恩，無所不可。」市者計曰：「與其殺是僮，不若賣之；與其賣而分，孰若吾得專焉。幸而殺彼，甚善。」即藏其尸，持僮抵主人所，愈束縛牢甚。夜半，僮轉以縛即爐火燒絶之，雖瘡手勿憚，復取刃殺市者。因大號，一虚皆驚。童曰：「我區氏兒也，不當爲奴。賊二人得我，我幸皆殺之矣，願以聞於官。」虚吏白州，州白大府，大府召視，兒幼愿耳。刺史顔證奇之，留爲小吏，不肯。吏護還之鄉。行劫縛者，側目莫敢過其門，皆曰：「是兒少秦武陽二歲，而計殺二豪，豈可近耶？」

盧仝

唐盧仝才高豪放，韓退之嘗贈之以詩曰：「玉川先生洛城裏，破屋數間而已矣。一奴長鬚不裹頭，一婢赤脚老無齒。」云云。文多不載。玉川先生，盧仝道號也。

司馬相如

漢司馬相如與卓文君賣酒於臨邛市，文君當壚，相如著犢鼻褌以滌器。卓氏耻之，分之以奴百人。

裴秀

晉裴秀之母，裴氏婢也。秀年十八，有令望，而嫡母猶妒。賓客滿座，使秀母親進食與衆【二〇】，賓客并起拜矣。

陸賈

《史記》：諸吕擅權，陸賈曰：「天下安，注意相；天下危，注意將。將相和調則士務附【二一】。」於是陳平結懽諸吕，太尉以奴婢百人遺賈。

鄭玄

《説苑》云：鄭玄家奴婢皆讀《詩》。玄忽怒一婢，使曳之於泥。一婢過而問之曰：「何爲乎泥中？」答曰：「薄言往愬，逢彼之怒。」

徐甲

《太平廣記》：老子西遊至函谷關，欲賃一僕。尹喜爲求，得徐甲，遂與之西至流沙，且約曰：「以百錢爲直。」几役使者二百年，累賃直七千貫。徐甲私自計，若得此直，則可以富。於是辭老子，欲迴。老子謂之曰：「待我至罽賓國得金，當悉以還汝。」徐甲不

【二〇】使秀母親進食與衆　「進」原作「下」，據《晉書·裴秀傳》改。

【二一】將相和調則士務附　「和調」原作「相」，「務」原作「預」，據《史記·酈生陸賈列傳》改。

從，遂於所至投牒。老子知之，曰：「汝投牒耶？」曰：「然。」曰：「汝試俯首。」徐甲俯首，有神符從口中躍出，甲遂成枯骨。左右爲懇求。老子復以符内甲口中，復生肌肉如故。於是叩頭請罪，誓以終身事老子。

贊曰：奴婢之名，非古所設。以罪目之，從而爲别。盜財曰臧，禽逋曰獲。後世因之，利其厮役。始賤終榮，初窮後達。人未易知，遇之毋忽。

四夷篇第八十二

冒頓

《前漢·匈奴傳》：月支欲殺冒頓，冒頓歸頭曼。頭曼令將萬騎。冒頓乃作鳴鏑，習勒其騎射【一二二】，令曰：「鳴鏑所射而不悉射者，斬。」後冒頓以鳴鏑射單于善馬，左右悉射。冒頓知衆可用，遂以鳴鏑射頭曼。左右皆隨，射殺頭曼，遂自立矣。

東夷夫餘國

在玄菟北千餘里，南接鮮卑，北接弱水。有軍事，輒殺牛祭天，以蹄占吉凶。出良馬、珠玉、貨貝焉。

【一二二】習勒其騎射　「勒」原作「勤」，據《漢書·匈奴傳》改。

【一二三】國有調役　「役」字原缺，據《晉書·四夷傳》補。

【一二四】勇健者皆鑿背皮　「背皮」原作「寶」，據《晉書·四夷傳》改。

馬韓

韓種有三，一曰馬韓，二曰辰韓，三曰弁韓。國有調役【二三】，勇健者皆鑿背皮【二四】，以大繩杖搖繩，終日力作不爲勞。又置別邑曰蘇塗，立木懸鈴鼓其上【二五】。蘇塗之者，其似西域浮屠也。

辰韓氏

在馬韓東。又有弁韓，風俗頗同馬韓。又王生子，便以石押頭使扁。喜舞善瑟。

肅慎氏

一名挹婁，在不咸山之北，去夫餘可六十日行。有石砮、皮骨之甲、檀弓、楛矢。周武王時，獻其楛矢、石砮。爾後雖秦漢之盛，莫之致也。武帝通貢石季龍，問之，云：「每候田馬向西南鳴者三年，是知有大國使來也。」

倭人

在帶方東南大海中。男子悉文身，自謂太伯之後。披髮徒跣【二六】，不知歲時，但計秋收之時以爲年【二七】。宣帝之平公孫氏【二八】，其王遣使至帶方朝見也【二九】。

裨離等十國

皆肅慎西。并不詳其土風俗。東夷都十五國也。

【二五】立木懸鈴鼓其上　「木」原作「水」，據《晉書·四夷傳》改。

【二六】披髮徒跣　「披髮」原作「皮囊」，據《晉書·四夷傳》改。

【二七】但計秋收之時以爲年　此句原作「年年計牧時以爲年紀」，據《晉書·四夷傳》改。

【二八】宣帝之平公孫氏　「之平公」原作「孝」，據《晉書·四夷傳》改。

【二九】其王遣使至帶方朝見也　「使至」二字原缺，據《晉書·四夷傳》補。

西戎

吐谷渾據有西零已西【三〇】，甘松之南，逐水草，廬葦爲屋，肉酪爲糧。男子通服長裙，帽或帶羃【三一】，以騎射相誇也。

焉耆國【三二】

西去洛陽八千二百里。其地南至尉利，西北至烏孫、樓蘭。丈夫翦髮，婦人衣襦。龜茲，其城二重，中有樓，乃王宮，壯麗煥若神居。

大宛

西接洪土，南至尹氏，北接康居。多良馬。人多鬚。娶婦人以金同心指環爲聘。無義，争分銖之利也。

康居國

在大宛西，風俗頗同。

大秦國

大秦國在西海之西，其地東西南北各數千里。有城邑，其城周迴百餘里。屋宇皆以珊瑚爲棁栭【三三】，琉璃爲牆壁，水晶爲柱礎。其王有五宮，其宮相去各十里。每旦一宮聽事，終而復始。若國有災異，則更立賢人，放其舊主，被放者不敢怨也。

【三〇】吐谷渾據有西零已西　「西」原作「下」，據《晉書·四夷傳》改。

【三一】帽或帶羃　「帽」原作「褐」，據《晉書·四夷傳》改。

【三二】焉耆國　「焉」原作「烏」，據《晉書·四夷傳》改。

【三三】屋宇皆以珊瑚爲棁栭　「栭」字原缺，據《晉書·四夷傳》補。

南蠻

林邑國，馬援銅柱之處，去南海三千里。北户向日，無霜雪。貴女賤男，婦先聘婿。

扶南【三四】

西去林邑三千里。人皆拳髮裸足【三五】，以耕種爲務，其國無飢饉。

北狄

殷曰鬼方，周曰玁狁，漢曰匈奴，其實一也。

贊曰：四夷八蠻，殊方異俗。别其冠裳，奇其稱目。
斷髮文身，輕生易戮。神武宣威，梯航相屬。
古先哲王，羈縻撫育。文德仁恩，遠人斯服。

【三四】扶南　「南」原作「桑」，據《晉書·四夷傳》改。

【三五】人皆拳髮裸足　「裸」原作「踝」，據《晉書·四夷傳》改。

卷第十四

經典篇第八十三

毛詩

漢魯國毛亨作《詁訓傳》，以授趙國毛萇。時人謂亨爲大毛公，謂萇爲小毛公。以二公所訓傳，故謂之《毛詩》。

尚書

以其上古之書，故謂之《尚書》。上世帝王之遺書也。孔子删之，斷自唐虞以下典誥誓命，訖于周。

周易

《世紀》曰：伏羲氏作八卦，神農重之爲六十四卦。夏曰《連山》，殷曰《歸藏》。文王重六爻，作上下篇，故曰《周易》。

禮記

《周禮》《儀禮》，并周公作。後通儒各有損益。子思乃作《中庸》，公孫尼子作

【一】損益子思乃作中庸公孫尼子作緇衣漢文時博士作王制其餘衆篇皆如此例　以上三十一字原缺，據《初學記》卷二一補。

《緇衣》，漢文時博士作《王制》，其餘衆篇，皆如此例【二】。至漢宣帝世，東海后蒼善説《禮》，撰《禮》一百八十篇。梁國戴德及從子聖乃删后氏《禮記》，爲八十五篇，名《大戴禮》。聖又删爲四十六篇，名《小戴禮》。其後諸儒加《月令》《明堂位》《樂記》，凡四十九篇，則今之《禮記》是也。

春秋

魯史記之名也。言春秋，則冬夏可知也。左丘明傳之者曰《左氏傳》。卜商授之弟子公羊高、穀梁赤，亦爲之傳，曰《公羊》，曰《穀梁》。

孝經

孔子爲弟子曾參説。或以爲非爲參説，孔子假曾參爲名，其實孔子所著書也。

論語

孔子殁後，群弟子記諸善言也。趙岐注《孟子》序云：「《論語》者，五經之錧鎋，六藝之喉衿。」

孟子

趙岐注《孟子》題辭曰：「孟子，鄒人也。名軻，字則未聞也。著書七篇，二百六十一章，三萬四千六百八十五字，包羅天地，揆叙萬類。仁義道德，性命禍福，粲然靡所不載。」

贊曰：大樸既散，澆漓失真。斯文未喪，挺生聖人。

明於物理，著以人倫。五常百行，典籍斯陳。君臣以别，父子以親。日星同耀，萬世彌新。

史傳篇第八十四

蒼頡

《世本》注：蒼頡仰觀日星之象，俯視鳥獸之跡，以制字。爲黄帝之史官。

彭祖

《殷紀》：彭祖姓籛，名鏗。封於彭，以其壽，故謂之彭祖。陶唐之世生，至於殷，爲殷之史官，紀述當世之事。孔子曰：「述而不作，竊比於我老彭。」

老子

老子姓李，生而鬢髮皓白，故謂之老子。爲周守藏室史，又爲柱下史。

司馬談

漢武帝始置太史，司馬談父子世居此職，得撰《史記》。故《史記·太史公自序》云：「上自黄帝，著十二本紀、三十世家、十表、八書、七十列傳，凡一百三十卷。」

班彪

後漢班彪續司馬遷後傳數十篇，未成而卒。明帝命其子固續之。固以史遷所記，乃以漢氏繼百王之末，非其義也，當獨立一史。故上自高祖，下終王莽，爲紀、表、傳九十九卷上之。十志未畢，扶風馬續及其妹曹大家所成，今《漢書》是也。

孔子

約魯史以修《春秋》，書有褒貶，故曰：孔子作《春秋》，而亂臣賊子懼。

九家

司馬遷《史記》，班固《漢書》，范曄《後漢書》，陳壽《三國志》，唐太宗《晉書》，李延壽《南北史》，魏徵《隋書》，宋祁【二】、歐陽脩《唐書》，薛居正《五代史》，前賢云九家，皆良史之才。

王肅

《魏志》：王肅對明帝曰：「司馬遷記事，不虛美，不隱惡。」

呂不韋

呂不韋，陽翟人。招致士，至食客三千人。使人人著所聞，集以爲紀二十餘萬言，以爲備天地萬物古今之事，號曰《呂氏春秋》。布於咸陽市門，懸千金其上，延諸侯賓客，有能增損一字者，賞千金。

孟子

孟子曰：「晉之《乘》，楚之《檮杌》，魯之《春秋》，一也。其事則齊桓、晉文，其文

【二】宋祁　「祁」原作「庠」，據《事文類聚》卷二三改。

則史。」

秦趙

秦王、趙王會于澠池，鼓瑟擊缶，兩國之史臣各書之。是雖小國，亦有史官也。

倚相

《左傳》：楚王與右尹子革語，左史倚相趨而過。王曰：「良史也。能讀三墳五典，八索九丘。」

贊曰：史職記事，其來尚矣。始自蒼王，言動斯紀。逮至夏殷，左右以位。惡不文飾，善無溢美。謂之實録，聲光暐煒。九家粲然，日星同軌。

書字篇第八十五

説文

《説文》云：「書有六義，一曰指事，二曰象形，三曰形聲，四曰會意，五曰轉注，六曰假借。」

秦書

許慎《説文》曰：「秦書有八體，一曰大篆，二曰小篆，三曰刻符，四曰蟲書，五曰篆印，六曰著書，七曰殳書，八曰隸書。」

贊曰：世之有書，本乎上世。蒼頡精英，象形由致。日月并明，王門閏位。假借蟲麟，各從其類。逸爲鍾王，剛方妍媚。自此以還，紛然磔蝟。

講説篇第八十六

夏侯勝

漢夏侯勝每講説，必語諸生曰：「經術既明，取青紫如拾地芥。學經不明，不如歸耕。」

禮記

《禮記》曰：善待問者如撞鐘，叩之以小者則小鳴，叩之以大者則大鳴。

董仲舒

漢董仲舒景帝時爲博士，下帷講誦，弟子轉相傳授，或莫能見其面者。

馬融

《後漢》：馬融常施絳紗帳，授諸生經義於前，設女樂於後。弟子以次相授，鮮有入其室者。

魏文帝

《魏志》：文帝在東宮，疫癘數起，士人彫喪。帝深感歎，與大理王朗書云：「疫癘數起，士人彫傷。予獨何人，能全其壽？」遂集諸儒於肅成門内，講論大義，勤勤無倦。

孫卿

孫卿子曰：「達師之教【三】，使弟子安焉樂焉，休焉遊焉，肅焉嚴焉。此六者得其門【四】，則邪僻之道塞矣。」

贊曰：聖經玄奥，講説能通。詮文論義，雅正斯從。文學導志，理以折衷。不僻不陋，率取中庸。難疑答問，極究研窮。師資是賴，成允成功。

【三】達師之教　「之」原作「云」，據《初學記》卷一七改。

【四】休焉遊焉肅焉嚴焉此六者得其門　「休」原作「往」，「嚴」原作「藏」，「此」字上原衍「嚴」字，據《初學記》卷一七改。

筆墨篇第八十七

蒙恬

《博物志》：蒙恬世爲秦將。製筆，世之有筆，自恬始。

班超

《東觀漢記》：班超家貧，投筆歎曰：「大丈夫當效傅介子、張騫，立功異域，以取封侯，安能久事筆硯乎！」

孫權

《吴祚國統》曰：吴王孫權嘗夢北面頓首於天帝前，忽見一人以筆點其額。覺，以問徵士熊，熊曰：「吉祥矣！大王必爲主。王者人之首，額者王之上。王上加點，主字也。」權大喜。

江淹

《宗略》曰：江淹，字文通，少夢人授五色筆，因此有文章。後數十年，夢一丈夫，自稱郭璞，謂淹曰：「前者借君筆，今可見還。」夢中還之。自是文章日退，人稱淹才盡矣。

谷子雲

《漢書》：谷永，字子雲，與婁護俱爲五侯上客。長安號曰：「谷子雲之筆札，婁君卿之唇舌。」君卿，護字也。

王羲之

晉王羲之《筆經》曰：「昔人或以琉璃、象牙爲筆管，麗飾則有之，然筆重則躓。」

韓定辭

《唐事遺文》：韓定辭，不知何許人。爲鎮州王鎔書記，聘燕帥劉仁恭，舍於賓館。命幕客馬郁延接【五】。馬有詩贈韓曰：「燧林芳草緜緜思，盡日相攜陟麗譙。別後巏嵍山上望，羨君還復見王喬。」郁詩雖清秀，意在試其學問。韓即席酬之曰：「崇霞臺上神

【五】命幕客馬郁延接 「幕客」原作「慕容」，據《太平廣記》卷二〇〇引孫光憲《北夢瑣言》改。

仙客，學辨癡龍藝最多。盛德好將銀筆述，麗詞堪與雪兒歌。」座上靡不欽羨，然疑其銀筆之事。他日，郁從容問韓以「雪兒」「銀筆」事。韓曰：「昔梁元帝爲江東王時，好學著書，常録忠臣義士及文章之美者。筆有三品，以金銀爲管，或用斑竹。忠孝全者，用金管書之；德行精粹者，以銀管書之；文章贍麗者，用斑竹管書之。雪兒，李密之愛姬。見賓客文章奇麗中意者，即付雪兒歌之。」

衛夫人

晉王羲之嘗學書於衛夫人。夫人掩其不意，自後掣其筆，莫能得。歎曰：「此子他日以書名天下。」

史弘肇

《五代史》：漢史宏肇起身卒伍，不識字，素不喜儒士。嘗曰：「文人輕我。安國家，定禍亂，直須長槍大劍，安用此毛錐子爲！」毛錐子，謂筆也。

班孟

葛洪《神仙傳》：班孟，不知何許人也，嚼墨一噴，皆成字，竟紙，各有意義。

陸雲

《晉書》：陸雲與兄書曰：「一日上三臺，曹公藏墨十數萬斤，云燒此復可用，不知兄頗見之否？今送二螺【六】。」

【六】今送二螺　「今」原作「令」，據《陸士龍集》卷八改。

葛玄

《神仙傳》：葛玄見賣大魚者，謂曰：「暫煩此魚往河伯處。」魚主曰：「魚已死。」玄曰：「無苦。」乃丹書紙，内魚口中，投水中。有頃，魚騰躍上岸，吐墨書，青色如木葉也。

鄧后

《東觀漢記》：和熹鄧后即位，萬國貢獻悉禁絶，惟歲時貢紙墨而已。

智永

李綽《尚書故實》云：僧智永住吳興永欣寺，積年學書。後有禿筆頭十八瓮，人來覓書者如市。所居户限爲之穿穴，乃用鐵葉裹之，謂之「鐵門限」。

東坡

《唐宋遺事》：蘇軾，字子瞻，居黄州之東坡，因自號東坡居士。嘗云：「筆禿千管，墨磨萬錠，不作羲之，必作索靖。」

荀况

《筆賦》：非帛非綵成文章，非日非月天下光。匹夫隆之即爲聖，諸侯隆之定四方。

贊曰：筆墨之利，紀事記言。秋兔之毫，老松之煙。

加之束縛，和以丹鉛。錫之異號，毛穎陳玄。

經書簡册，賴爾成編。螢窗雪案，功斯著焉。

硯紙篇第八十八

孔子

《從征記》：魯國孔子廟中有石硯一枚，蓋夫子平生時物。

蔡倫

《後漢》：和帝元興中，常侍蔡倫剉故布，擣抄作紙。又求古魚綱，擣抄作紙。故其字從巾。後人又以故麻或楮木皮作紙，或名爲穀紙。

端歙

《硯譜》云：端州端谿之石，紫肝色，在水中不見日色。有鸜鵒眼者爲上。歙州有石，其有羅文金星，温潤，色如瓜皮者爲上。端者曰「端硯」，歙者曰「歙硯」。

高麗

王師中《蓬萊録異》曰：河舶自高麗來，市紙一幅。其闊二尺，其長六丈。

王曾

《名賢遺範》：王曾，青州人。爲相，薨，無子，使使就其家取其平生所用硯，以賜太子。

淳于生

《異聞集》云：唐淳于生夢遊一處，其榜曰「槐安國」。既入，遂尚其王之女。既而出爲南柯郡守。在郡嘗與其妻遊龜山硯池，釣魚于池上。數年，其妻死，遂辭其王而歸，遂覺。試以夢尋之，見一大槐樹，樹根有穴，螻蟻出入甚衆。淳于以杖掘之，探得一大穴，螻蟻往來徑路，宛然夢中市井也。復尋所謂南柯者，即槐南一枝，柯竅中亦有衆蟻。又近樹分枝處見一龜殼，乃所謂龜山也。又得一古硯，中有水，乃所謂硯池也。文多不載。

異號

文房四寶，筆、墨、硯、紙是也。各有異號：筆曰「管城子」；墨曰「陳玄」；硯曰「陶泓」，又曰「石丈人」；紙曰「楮先生」。

贊曰：硯之爲器，誰能具陳。鐫鑱堅石，或以陶鈞。
方圓厚薄，妙意斯存。紙之爲體，砥石平均。
楮皮魚網，滌以齋淪。相須爲用，萬古之珍。

金銀篇第八十九

禹貢

《尚書·禹貢》：淮、海惟揚州。厥貢惟金三品。注云：金、銀、銅也。

陳平

《漢書》：高祖與陳平金四萬斤，使間楚君臣，不問出入。

雋不疑

《史記》：雋不疑，南陽人。爲郎中，事文帝。其同舍郎告歸，誤持同舍金去，金主意不疑。不疑謝有之，買金償之。告歸者還金，金主大慚。以此稱爲長者。

周穆王

《列子》云：周穆王與化人遊，化人之宫闕皆以金銀爲飾。

郭况

漢郭况爲鴻臚卿，上數幸其第，賜以金帛。京師因號况家爲金穴。

瑞應

《瑞應圖記》曰：王者宴不及醉，刑罰中，人不爲非，則銀瓮出。

朱提

《漢書》：朱提縣屬犍爲郡，出銀，其價比他處出者增倍。

東方朔

方朔《十洲記》曰：東方外有東明山，有宫焉。門有銀榜【七】，曰「天地長男之宫」。

【七】門有銀榜 「榜」原作「牓」，據《初學記》卷二七改。

二疏

《後漢》：疏廣，字仲翁。子受，字翁子。東海蘭陵人。爲太子太傅，受爲少傅，朝廷以爲榮。廣曰：「予聞知止不殆。又聞功成名遂身退，天之道也。」父子遂謝病，上許之。既歸鄉里，以所有金盡以散鄉黨宗族焉。

季布

《史記》：季布隱於魯朱家，後赦之爲郎，甚見信重。人語曰：「得黄金百鎰，不如季布一諾。」

甄彬

《南史》：甄彬，中山人。嘗以一束苧就州長沙寺庫質錢，後贖苧到家，於苧束中得金五兩，以手巾裹之。彬送還寺庫。道有人見，驚云：「近有人以此金質錢，時庫僧有事，不得舉而失之。」庫僧曰：「檀越乃能見還，請以金半仰酬。」往復十餘，彬堅不受，因謂曰：「五月披羊裘而負薪，豈拾遺金者！」卒還金。梁武帝布衣時聞之，及踐祚，以彬爲益州録事參軍，帶郫縣令。將行，同列五人，帝并誡以廉慎，至彬獨曰：「卿昔有還金之美，故不復以此言相屬。」自此名德益彰。

范蠡

《史記》：范蠡辭越王，泛五湖，不知所終。王命金工以金鑄蠡像，朝夕禮之。

孫綽

晉孫綽，字興公，太原人。博學善屬文，嘗作《天台山賦》，甚工。以示友人范榮期，云：「卿試擲地，當作金聲。」

孟子

《孟子》：齊王餽兼金一百而不受，宋餽七十鎰而受，薛餽五十鎰而受。

杜子美

唐杜子美詩云：「不貪夜識金銀氣。」注云：「世説天地之間，所在有金銀隱伏，夜則其氣騰曜，惟不貪者能識之。」

里諺

世有里諺常云：「家雖貧，飲酒須用銀；家雖富，手巾須使布。」其言淺而中理。

武帝

《漢書》：武帝學神仙長生不死，方士言曰【八】：「海中有蓬萊、方丈、瀛洲三神山，皆以黄金白銀爲宫闕。上有不死之草，服之可以長生。」

莊子

《韓詩外傳》曰：楚莊王遣使持千金，聘莊子以爲相，莊子固辭不受。

【八】方士言曰　「士」原作「生」，據《漢書·郊祀志上》改。

顔淵

《莊子·達生》篇云：顔淵問於仲尼曰：「吾嘗濟乎觴深之淵，津人操舟若神。吾問焉，曰：『操舟可學乎？』曰：『可。善遊者數能。若乃夫没人，則未嘗見舟而便操之也。』吾問焉而不吾告，敢問何謂也？」仲尼曰：「善遊者數能，忘水也。若乃夫没人之未嘗見舟而便操之也，彼視淵若陵，視舟之覆猶其車却也。覆却萬方陳乎前，而不得入其舍，惡往而不暇？以瓦注者巧，以鉤注者拙，以黄金注者殙。其巧一也，而有所矜，則重外也。凡外重者内拙。」

周公

《尚書·金縢第八》：「武王有疾，周公作《金縢》。」注云：「爲請命之書，藏之於匱，緘之以金，不使人聞之。」

傅説

《尚書·説命上》：王曰：「若金，用汝作礪。」

列子

《列子》云：有人正晝攫金於市，爲人所執。或問之，答曰：「攫金之時，但見金，不見人故也。」

贊曰：五金之英，黄白斯貴。剛柔得中，與德同類。

不爲布泉，不爲利器。人自寶之，珍藏於世。辭則清貞，貪爲濫穢。取之與之，務行乎義。

珠玉篇第九十

黄帝

《莊子》云：黄帝遊於赤水之北，登于崑崙之丘而南望。還歸，遺其玄珠於赤水，使智索之而不得，使離朱索之而不得，使喫詬索之而不得【九】，使象罔索之而得。黄帝歎曰：「象罔乃可以得邪？」

少昊

王子年《拾遺》曰：黄帝之少子曰青陽，是曰少昊。有白雲之瑞，號爲白帝。有鳳銜明珠致於庭，少昊乃拾珠懷之，使照服於天下故也。

宋王

《莊子·列禦寇》篇云：人有見宋王者，錫車十乘，以其車驕穉莊子。莊子曰：「河上有家貧恃緯蕭而食者【一〇】，其子没於淵，得千金之珠。其父謂其子曰：『取石來鍛之。夫千金之珠，必在九重之淵而驪龍頷下。子能得珠者，必遭其睡也。使驪龍而寤，子尚奚微之有哉？』今宋國之深，非直九重之淵；宋王之猛，非直驪龍也。子能得車者，

【九】使喫詬索之而不得「喫」字原缺，據《莊子·天地》補。

【一〇】河上有家貧恃緯蕭而食者「恃」原作「特」，據《莊子·列禦寇》改。

必遭其睡也。使宋王而寤，子爲齏粉矣！」

大小儒

《莊子·外物》篇：儒以詩禮發冢【一一】。大儒臚傳曰：「東方作矣，事之何若？」小儒曰：「未解裙襦，口中有珠。」「《詩》固有之曰：『青青之麥，生於陵陂。生不布施，死何含爲？』」接其鬢【一二】，壓其顪，儒以金椎控其頤。徐別其頰，無傷口中珠。」

卞和

《韓詩外傳》：楚人卞和得玉璞於荆山中，獻於王。王謂其欺己，刖其左足。後王即位，和抱玉璞泣於荆山，三日三夜，繼之以血。王使人理之，乃得玉，名曰「和氏之寶」。

郄詵

《晉書》：郄詵，字廣基，舉賢良，射策爲天下第一。文帝問：「卿自以爲何如？」詵曰：「猶桂林一枝，崑山片玉。」帝大笑。

淵客

《博物志》：蛟人從水中出，寓人家，積日賣綃，常自稱淵客。臨去，從主人索盤，泣淚滿盤，皆真珠也，以與主人。

鍾離意

《後漢》：鍾離意，顯宗時爲尚書。時交趾守坐贓敗，以其資物班賜群臣。意得珠

【一一】儒以詩禮發冢　「儒」字上原衍「大」字，「冢」原作「家」，據《莊子·外物》改。

【一二】接其鬢　「接」原作「按」，據《莊子·外物》改。

璣，悉以委地。詔問之，對曰：「孔子忍渴於盜泉之水，曾參迴車於勝母之閭，惡其名也。」帝曰：「賢哉。」賜庫錢三十萬，拜爲右僕射。

孟嘗

《後漢》：孟嘗，字伯周，爲合浦太守。郡無耕稼，所資珠璣。前政貪殘，珠徙交趾。嘗清潔無求，珠乃悉還。

子貢

《論語》：子貢問曰：「有美玉於斯，韞匵而藏諸？求善賈而沽諸？」子曰：「沽之哉！沽之哉！我待賈者也。」

曹植

魏曹植與楊德祖書曰：「偉長擅名於青土，公幹振藻于海隅，德璉發跡於北魏，足下高視於上京。當此時，人人自謂握靈蛇之珠【一三】，家家自謂抱荆山之玉。」

平公

孫柔之《瑞應圖》云：晉平公鼓琴，有玄鶴二八而下，銜明珠舞於庭。

陸機

晉陸機《文賦》曰：石藴玉以山輝，水懷珠而川媚。

【一三】人人自謂握靈蛇之珠　「謂」原作「爲」，據《文選·與楊德祖書》改。

通義

《五經通義》曰：玉有五德：温潤而澤，有似於智；鋭而不害，有似於仁；抑而不撓，有似於義；有瑕於内，必見於外，有似於信；垂之如墜，有似於禮。

孟子

孟子曰：「諸侯之寶三：土地、人民、政事。寶珠玉者，殃必及身。」

贊曰：合浦崑山，靈珠美玉。光粲温良，比之仁德。明月夜光，固難韞匵。以暗投人，按劍怒目。抱道懷才，監兹爲則。待賈而沽，慎無欲速。

錢絹錦繡篇第九十一

鄧通

《史記》：鄧通，蜀郡人。爲黄頭郎。文帝夢欲上天，不能，有一黄頭郎從後推之而上。顧見其衣後有穿，覺而以夢中陰自求之。見通衣後穿，乃所夢也，帝因幸之。令相者相之，曰：「當餓死。」帝曰：「富之在我。」遂賜蜀道銅山，使自鑄錢，號曰「鄧氏錢」，錢滿天下。後景帝時禁，通竟餓死。

郭子横

郭子横著《洞冥記》曰：漢帝升望月臺，有三青鴨化爲三小童，皆著青綺文襦，各握鯨文大錢五枚，以置帝几前。身止而影動，因名之曰「輕影錢」。

干寶

干寶《搜神記》曰：南方有蟲，其形類蟬。其子著草葉，如蠶種。得子以歸，則母飛來就之。殺其子，以血塗錢八十一文，殺其母，以血塗錢八十一文，置之於一器中。每市物用其子所塗錢，則勿用其母所塗者，則錢復來。用其母所塗者市物，則留其子所塗錢，其來亦如之。名曰「青蚨」。

太公

《漢書》曰：金錢之用，殷、夏以前，其詳靡記。太公爲周立九府圜法，即錢也。

王隱

王隱《晉書》云：惠帝時有《錢神論》曰：錢之爲體，有乾坤之象。其積如山，其流如川。動静有時，行藏有節。市井便利，易不患耗，難折象壽，不匱象道【一四】。故能長久，爲世神寶。親故如兄，字曰「孔方」。失之則貧弱，得之則富昌。無翼而飛，無足而走，解嚴毅之顔，開難笑之口。錢多者處其前，錢少者居其後。

【一四】不匱象道　「道」字原缺，據《晉書·隱逸傳·魯褒》補。

魯褒

《晉書》：魯褒，字元道，著《錢神論》曰：「錢可以役鬼神，况於人乎！」云云。

黄尋

《幽冥録》：黄尋先貧，忽大風雨，散飛錢至其家無數。尋取斂之，後富擅江北。

織女

《漢書》：董永父死，就主人貸錢以葬。天降織女，與之爲妻。爲主人織絹，一月織三百匹。償錢既足，凌空而去。

楊脩

《魏志》：楊脩與武帝同看曹娥碑。碑陰八字云：「黄絹幼婦，外孫虀臼。」武帝莫曉。楊脩曰：「黄絹，色絲，色絲『絶』字；幼婦，少女，少女『妙』字；外孫，女子，女子『好』字；虀臼，受辛，受辛『辤』字。」

羊欣

《宋書》：羊欣年十二，王獻之甚愛之。嘗夏日訪之，欣方著新絹裙晝寢，獻之書裙幅而去。欣書本工，因此書法彌進，名行當世。

葛生

《毛詩》：《葛生》，刺晉獻公也。角枕粲兮，錦衾爛兮。

舜典

《尚書·舜典》曰：予欲觀古人之象，山龍華蟲，黼黻絺繡，作服汝明。

趙壹

《後漢》：趙壹詩云：「咿優北堂上，骯髒倚門邊。文籍雖滿腹，不如一囊錢。」

煬帝

隋煬帝開汴水以達揚州，船以錦爲纜，使宫女衣綺繡挽之。

石崇

《晉書》：石崇巨富，爲錦步障五十里。

項羽

《史記》：項羽與漢高祖既滅秦，羽封諸侯。或勸羽都關中，羽曰：「大丈夫富貴不歸故鄉，如衣錦繡而夜行。」遂還徐。

左元放

《魏志》：左元放有道術，在曹操座上，於盆水中釣一大魚，令烹以供客。操曰：「須蜀中生薑以芼之。」元放曰：「容往市之。」操恐其不實，乃謂曰：「若於成都市生薑，吾先是使人於蜀市錦五十端。今計之，若更益二端可也，可爲使人言之，能否？」元放曰：「能。」少頃，元放袖中出生薑。操曰：「曾見使人爲道益買錦二端乎？」曰：「言之矣。」居數日，使者自蜀中還，果更市錦二端而歸。

貴妃

白延翰《唐拾遺》云：楊貴妃縊于馬嵬驛，店媼得錦靿一隻。過客一翫百錢，前後所得數十萬。

劉延朗

《五代史》：劉延朗，宋州人。廢帝起事於鳳翔，時延朗爲孔目官，率城中民錢以給軍。帝入京師，遂以延朗爲樞密副使，專任事，納賂多者與善州，少及無賂者與惡州，由是人人皆惡之。及晉兵入，延朗以一騎走迴其家，指而歎曰：「吾積錢三十萬于此，不知何人取之！」遂爲追兵所殺矣。

鄭愚【一五】

唐鄭愚《津陽門》詩云：「驪山按樂東風煖，宮娃賜浴長湯池。剜成玉蓮噴香水，潄迴煙浪深逶迤【一六】。犀屏象薦雜羅綺，錦凫繡雁相追隨。」

劉峻

《南史》：劉峻，字孝標，平原人。博極群書，率性而動，不能隨衆。梁武帝每集文士策經史事，曾策錦被事。咸言已罄，帝試呼問峻。峻請紙筆，更疏十餘事，坐客皆驚。帝失色，自是不復引見也。

【一五】鄭愚　按《唐詩紀事》等均作「鄭嵎」。

【一六】潄迴煙浪深逶迤　「深」原作「浴」，據《唐詩紀事·鄭嵎》改。

贊曰：錢之爲物，以濟不通。縑絲綺縠，衣被爲功。制之有等，絺繡文龍。不僭不陋，服稱其衷。取之不義，或喪厥功。過差不道，鍾爲鞠兇。

印綬篇第九十二

張良

《漢書》：酈食其勸高祖立六國後，高祖令鑄印。及張良入，高祖方食，爲良言之。良借前箸以畫八難。高祖罵曰：「豎儒幾敗乃翁事！」於是趣令銷印。

顔真卿

唐朱泚之叛，顔真卿憤忠義，欲徵兵而無印，遂倒用司農寺印。

張顥

《搜神記》：張顥爲梁相，雨後有山鵲飛墮，令人視，化爲一石。顥椎破之，得一金印，其文曰「忠孝侯印」。顥上之，藏於宫中矣。

孔瑜

晉孔瑜見漁者得龜，買而放之中流，龜左顧。及封侯鑄印，紐爲龜相，鑄成輒左顧，如是者三。瑜悟，乃取而佩之。

趙后

《西京雜記》：趙飛燕爲皇后，上遺以五色文綬四采。

鄯善

晉太康四年，鄯善國君遣子元英入侍，拜騎都尉，假歸義侯印，青紫綬。

贊曰：在昔唐虞，省方班瑞。印綬等差，革于後世。
金玉青黄，名同制異。忠孝賢能，佩之無愧。
付與非人，姦凶所利。封錫審詳，庶幾不墜。

都邑城郭篇第九十三

劉敬

《漢書》：劉敬上書説上都關中，上疑之。左右大臣皆山東人，多勸上都洛陽，曰：「東有成皋，西有淆澠，背河向洛，其固亦可恃。」張良曰：「洛陽雖有此固，其中小不過數百里，地薄，四面受敵，此非用武之地。夫關中左崤函，右隴蜀，沃野千里，南有巴蜀之饒，北有胡宛之利，阻三面而守，獨以一面東制諸侯，此所謂金城千里之國也。」上意遂定。

周公

《漢書》云：昔者周公營洛邑，以爲在于土中，諸侯藩屏四方，故立京師。

張儀

《華陽國志》：秦遣張儀收蜀。儀至蜀，築城都不能就，屢築屢壞，儀患之。忽有大龜行於野，其跡周圍數十里。儀使役夫以龜所行圍就築之，遂不壞。城既成，龜輒死。儀使人藏龜所遺殼於武庫。後至唐，高崇文守蜀，以殼爲帶攜去，至今號曰「龜城」。

鯀

《吴越春秋》曰：鯀築城以衛居，造郭以守民，此城郭之始也。

崔豹

崔豹《古今注》曰：秦始皇所築長城，土色皆紫，故謂之紫塞。

下魚

袁崧《宜都記》曰：佷山縣東六十里【一七】，有山，名「下魚城」。四向絶崖，唯兩道可上，皆險絶。山上周迴可二十里，有林木、池水，田種於山上【一八】。昔永嘉之亂，土人登此避賊。守之經年【一九】，食盡，取池魚擲下與賊，以示不匱，賊遂退。因名爲「下魚城」。

顔回

莊子曰：孔子謂顔回曰：「家貧居卑，胡不仕乎？」回對曰：「回有郭外之田五十

【一七】佷山縣東六十里　「佷」原作「岷」，「東」原作「縣」，據《説郛》本《宜都記》改。

【一八】田種於山上　「於山上」三字原缺，據《説郛》本《宜都記》補。

【一九】守之經年　「守」字上原衍「賊」字，據《説郛》本《宜都記》删。

畝，足以給饘粥，足以給絲麻，回不願仕也。」

滕文公

《孟子》：滕文公問曰：「滕，小國也，間於齊楚。事齊乎？事楚乎？」孟子對曰：「是謀非吾所能及也。無已，則有一焉：鑿斯池也，築斯城也，與民守之，效死而民弗去，則是可爲也。」

孟子

孟子曰：「天時不如地利，地利不如人和。三里之城，七里之郭，環而攻之而不勝。夫環而攻之，必有得天時者矣，然而不勝者，是天時不如地利也。城非不高也，池非不深也，兵革非不堅利也，米粟非不多也，委而去之，是地利不如人和也。」

鄭伯

《左傳》：鄭莊公弟共叔段，夫人爲之請制。公曰：「制，巖邑也。他邑唯命。」請京，使居之。叔段繕甲治兵。祭仲諫莊公曰：「都城不過百雉。都城過百雉，國之害也。今京不度，蔓草猶不可除，况君之寵弟乎！」公曰：「姜氏欲之，何厭之有。」叔果叛。公知其期，攻之，叔走。孔子書曰：「鄭伯克段于鄢。」

贊曰：都邑之稱，爰從古昔。外郭内城，渠隍溝洫。以建國藩，以爲民域。衛善防姦，高深峻極。

德苟不修，險安可必。貴在人和，守之勿失。

宫殿樓臺篇第九十四

始皇

秦始皇建阿房宫。唐杜牧之《阿房宫賦》其略曰：「釘頭鱗鱗，多於在庾之粟粒；瓦縫參差，多於周身之帛縷；曲欄横檻，多於九土之城郭；管絃謳呀，多於市人之言語。」又曰：「明星熒熒，開妝鏡也；緑雲繞繞，梳曉鬟也；渭流漲膩，棄脂水也；煙斜霧横，焚椒蘭也；雷霆乍驚，宫車過也；轆轆遠聽，杳不知其所之也。」「一日之内，一宫之間，而氣候不齊。」云云。觀此賦，則其大可知也。

高祖

《漢書》：蕭何建未央宫成，高祖以爲太侈。何曰：「且使後世無以踰也。」

杜子美

唐杜子美《早朝大明宫》詩云：「旌旗日暖龍蛇動，宫殿風微燕雀高。」古今之絶唱也。

秦本紀

殿之名，三代以前不載。《秦本紀》云：始作前殿，上可以坐萬人，下可以建五丈旗矣。

馬皇后

《東觀漢紀》：明德馬皇后嘗有不安，在敬法殿，上令兄弟得入見之。

後唐

五代唐莊宗都汴，夏苦熱，欲於内苑建一樓以避暑，計費錢數十萬。三司使郭崇韜以庫藏匱乏難其事。諸宦者從旁言曰：「臣等及見長安全盛時，大明、興慶等宫，樓閣百數。今之大内，不及故時卿相家。陛下欲營造一樓，三司使郭崇韜眉頭不展。」莊宗於是使人問崇韜曰：「朕昔與梁相持於河上，不避寒暑，亦不以爲苦。今無事深居，覺暑熱不可當，夫何故也？」崇韜對曰：「陛下昔日以天下爲心，今日以一身爲急故也。」莊宗遂罷其議。

文王

《毛詩·靈臺》章云：「經始靈臺，經之營之。庶民攻之，不日成之。經始勿亟，庶民子來。」孟子曰：「文王以民力爲臺爲沼，而民懽樂之。」

伍舉

《國語》：楚靈王爲章華之臺，與伍舉登焉，曰：「臺美夫！」對曰：「先君莊王爲匏居之臺，高不過望國氛，大不過容宴豆，人不廢時務，官不易朝常。今君爲此臺，人罷財盡，數年乃成，諸侯不至。若君謂此臺爲美，殆矣！」賈逵注曰：「所謂『匏居』，乃高臺名也。」

寡婦清

《史記》：蜀寡婦清，先得丹穴之利數世，家大富。清，寡婦也，能以財自衛，至使人不見犯。秦始皇以爲貞婦，爲築臺，號女懷清臺。

相如

王褒《益州記》：司馬相如宅在成都西，笮橋北百步許，今海安寺是也。南有琴臺。

漢光武

《後漢》：光武皇帝築雲臺，上圖畫二十八功臣，獨馬援以椒房之戚，不與焉。

魏明帝

《世説》：漢有凌雲臺，樓觀極精巧。先稱平衆材，輕重當宜，然後造構，乃無錯錙銖。遞相負揭，雖高峻，恒隨風摇動，而終無崩損。魏明帝登之，懼其勢危，别以大材扶之，即便頽壞。論者謂輕重之力偏故也。後竟不能修。

梁孝王

漢梁孝王好營宫室苑囿，作曜華之宫，築兔苑於園中。

陳元達

《載記》：劉聰，元海第四子，以永嘉四年僭位于平陽，立貴嬪劉氏爲皇后。將爲劉后起鴟儀殿於後庭，廷尉陳元達諫，聰大怒曰：「吾爲萬機主，將造一殿，豈問汝鼠子乎！不殺此奴，沮亂朕心。并其妻子同梟東市，使群鼠共穴。」時在逍遥園李中堂，元達抱堂下樹叫曰：「臣所言社稷之計，陛下殺臣，陛下何如主耳！」元達先鎖腰而入，及至，即以鎖繞樹，左右曳之不能動。聰怒甚。劉氏聞之，密遣中常侍敕左右停刑，于是上疏諫聰。聰乃解，引元達而謝之，易逍遥園爲納賢園，李中堂爲魏賢堂。鴟儀殿之議遂罷。

魏武

《魏略》：魏武帝於鄴都築銅雀臺，殿上以銅鑄鳳皇，高一丈，置之殿脊。

贊闕

卷第十五

堂宅門牆篇第九十五

論語

《先進》篇：「子曰：『由之瑟奚爲於丘之門？』門人不敬子路。子曰：『由也升堂矣，未入於室也【一】。』」

管子

《管子》云：「今步者一日，百里之情通。堂上有事，一月而君不聞。步者十日，千里之情通。堂下有事，十月而君不聞。步者百日，萬里之情通。門庭有事，周年而君不聞。此謂遠於萬里矣。」

楊震

《後漢》：楊震，華陰人。好學。講書，有鱣魚三被鸛雀銜飛講堂前。都講進曰：「蛇鱣者，大夫之象也。數有三者，法三台也。先生自此昇矣。」後果爲三公，時人服都講之博物。

校勘記

【一】未入於室也　「室」原作「空」，據《論語·先進》改。

宮殿簿

《洛陽宮殿簿》：洛陽有桃間堂皇【二】、杏間堂皇、柰間堂皇、竹間堂皇、李間堂皇、魚梁堂皇、醴泉堂皇、百戲堂皇。堂，不立壁曰堂。

孟子

孟子云：説大人者，勿視其堂高數仞，榱題數尺。

共王

《漢書》：魯共王壞孔子舊宅以廣宮室，聞金石絲竹之音，遂不壞宅。

晏子

《左傳》曰：齊景公欲更晏子之宅。公曰：「子之宅近市，湫隘囂塵，請更諸爽塏。」辭曰：「君之先臣容焉，於臣侈矣。且小人近市，朝夕得所求，小人之利也。請辭。」卒復其舊。

周瑜

《吴志》：周瑜與孫策同年，相友善。瑜推道南大宅以舍策，升堂拜母，有無通共。

蕭何

《漢書》：蕭何爲相國，買田宅，必居窮巷僻處，爲家不修垣屋，曰：「令後代賢，師吾儉。不賢，無爲勢家所奪。」

【二】洛陽有桃間堂皇　「桃」原作「樹」，據《初學記》卷二四改。

封衡

《後燕録》：封衡，字伯華，中書監裕之子也。輕財好施。年十餘歲，見一老父荷擔于路，引歸問之。謂其父曰【三】：「宣子一飯，著名《春秋》【四】。宜給宅一區，奴一口，日供贍以終其年。」裕高其志而從之。

何文

干寶《搜神記》：魏郡張氏本富，忽衰老財散，賣宅與程應。應舉家病，復賣宅與何文。文先獨持大刀，暮入北堂梁上。三更中，忽有一人長丈餘，高冠赤幘，呼曰：「細腰！」細腰應諾。其人曰：「何以有人氣？」答曰：「無。」使去。文向呼處問曰：「適赤衣冠者誰也？」答曰：「金也。在屋東壁下。」問：「君誰也？」曰：「我杵也。今在竈下。」至明，文於是掘東壁，得金三百斤，燒去杵。由此大富。

諸舅

《漢紀》曰：建初二年，封諸舅。太后詔曰：「前過濯龍門上，見外家車如流水馬如龍，吾亦不譴怒之，但絶其歲用，冀知默止。」

子貢

曰：「賜之牆也及肩，窺見室家之好。夫子之牆數仞，不見宗廟之美，百官之富，不得其門而入。得其門者寡矣。」

【三】謂其父曰　「謂其」二字原缺，據《十六國春秋·封衡傳》補。

【四】著名春秋　「著」原作「書」，據《十六國春秋·封衡傳》改。

馬援

《漢南紀》曰：「馬援奏曰：武帝時善相馬者，以馬骨相鑄作銅馬法獻之。有詔，立馬於魯般門外，更名金馬門。」

季氏

《論語》：季氏將伐顓臾。孔子曰：「吾恐季孫之憂，而在蕭牆之内也。」

張昭

《吴志》：張昭，字子布。數諫孫權，權恨之，黜於家，塞其門。昭又於内以土封之。權後固謝昭，昭不起。燒其門以恐之。諸子扶昭，權命升車，同載而歸。

魏舒

《晉書》：魏舒，字陽元，少養於外家。有相者過門曰：「此宅當出三公。」舒曰：「當爲公成此宅相。」後果爲司徒。

贊曰：上古民淳，巢居穴處。聖智因之，易以堂宇。

陶甓門牆，以蔽風雨。綢繆疏達，以有寒暑。

夫何後人，淫侈非度。刻桷丹楹，自詒譏侮。

園囿道塗篇第九十六

董仲舒

《前漢》：董仲舒下帷讀書，三年不窺園囿。

子貢

莊子曰：子貢過漢陰，見丈人抱瓮入井，取水灌園。子貢教以桔槔，丈人嫌用機巧，不肯從。

莊子

《史記》：莊周嘗爲漆園吏。

文王

《毛詩》：王在靈囿，麀鹿攸伏。

孟子

齊宣王問曰：「文王之囿方七十里，有諸？」孟子對曰：「於傳有之。」曰：「若是其大乎？」曰：「民猶以爲小也。」曰：「寡人之囿方四十里，民猶以爲大，何也？」曰：「文王之囿方七十里，芻蕘者往焉，雉兔者往焉，民以爲小，不亦宜乎？臣始至於境，問國之大禁，然後敢入。臣聞郊關之内有囿方四十里，殺其麋鹿者如殺人之罪，則是方四十里爲阱於國中。民以爲大，不亦宜乎？」

范丹

《陳留耆舊傳》：范丹學通三經，常自灌園。

楊子

列子云：楊子鄰人亡羊，率其黨請楊子共追之。楊子曰：「亡之一羊，何追者衆？」曰：「多歧路。」既返，問：「獲羊乎？」曰：「亡。歧路之中，又有歧焉。吾不知所之，故返。」楊子曰：「大道以多歧亡羊，學者以多方喪生。」

苻堅

《前秦録》：苻堅滅燕趙之後，自長安至於諸州，皆夾道植槐柳。二十里一亭，四十里一旅，行者取給於塗。

可汗

唐平定四方，與可汗通東北，開驛路萬里，置亭驛，號曰「通天可行道」。

鄧艾

《魏略》：鍾會伐蜀，取劍門未下。鄧艾從江由道束馬懸車，遂至緜竹，在成都西北，乃至險地也。

張良

《史記》：張良與高祖至漢中，勸高祖燒絶斜谷棧道，以示項羽無東意。

揚子雲

《法言》云：川雖曲，通諸海則由諸【五】；塗雖曲，通諸夏則由諸。

贊曰：園囿陂池，養生之具。上之帝王，下焉民庶。
莫不資之，禽魚菜茹。與衆同之，久彌垂裕。
利苟自專，民無所措。大道通塗，安行奚懼。

市井篇第九十七

毛詩

《陳國風》：《東門之枌》，疾亂也。幽公淫荒，風化之所行，男女棄其舊業，亟會於道路，歌舞於市井爾。其詩云：「不績其麻，市也婆娑。」

周制

《周禮》曰：朝市，朝時而市，商賈爲主；夕市，夕時而市，販夫販婦爲主。

風俗通

《風俗通》云：市亦謂之市井，言人至井，有所鬻者當於井上洗濯，令香潔，然後到

【五】通諸海則由諸　「海」原作「深」，據《法言·問道篇》改。

市也。或曰古者二十畝爲井，因井爲市，故云也。

秦惠

《尚書傳》：秦惠時，狼入咸陽市。昭王時，狼又入咸陽市中。

呂不韋

呂不韋爲秦相，著《呂氏春秋》，懸之咸陽市門，繫千金其上。有能增損一字者，與之千金。時無能者。

漢書

《漢書》曰：「刺繡文，不如倚市門。」此言末業貧者之資也。

司馬季主

《史記》：司馬季主卜於長安東市。

市南

《楚國先賢傳》曰：熊宜僚，楚人也。隱居市南，不屈於時。

梅福

《漢書》：梅福爲縣尉，以王莽之亂，一朝棄妻子去九江，人傳以爲仙。其後有人見於會稽，變姓名，爲吴市門卒。

伍員

《史略》：伍員出昭關，夜行晝伏，至於陵水，無以餬其口，吹篪乞食於吴市中。

法言

揚雄《法言》曰：一卷之書，必立之師。一鬨之市，必立之平。

陳相

《孟子·滕文公》篇：陳相曰：「從許子之道，則市賈不貳，國中無僞。雖使五尺之童適市，莫之或欺。」

古語

云：先生相與言，則以仁與義；市井相與言，則以財與利。

贊曰：市井致民，其來尚矣。自昔神農，玩爻析理。噬嗑象宜，緣情逐類。以聚貨錢，以通財利。壠斷之登，關司征税。貪殘之爲，率非善治。

果實篇第九十八

李少君

《史記》：李少君見武帝言曰：「臣嘗遊海上，見安期生。先生食臣棗，大如瓜。」

許栖巖

《洞冥記》：許栖巖於蜀棧路絶險處，馬失俱墜。適有積葉，得不損傷，而無路可上。久之，人馬皆飢。馬跑落葉於地，得大栗一枚，如拳。割而食之，乃數日不食。

陳仲子

《孟子·滕文公下》：匡章曰：「陳仲子豈不誠廉士哉？居於於陵，三日不食，耳無聞，目無見也。井上有李，螬食實者過半。匍匐往將食之，三咽，然後耳有聞，目有見。」孟子曰：「於齊國之士，吾必以仲子爲巨擘焉。」

漢書

班固《漢書》曰：安邑千樹棗，燕秦千樹栗，江南千樹橘，與千户侯等。

東方朔

《漢武外傳》：西王母降於漢宫，與武帝坐。方朔自窗隙間窺之。西王母指之曰：「吾海上有蟠桃，三千年一花，三千年而實，此兒已嘗三盜吾桃矣。」帝始異焉。

屈到

《國語》：屈到嗜芰。有疾，召其宗老而屬之曰：「祭我必以芰。」及祥，宗老將薦芰，屈建命去之。老曰：「夫子屬之。」建曰：「不然。夫子承楚國之政，其刑法在民心而藏在王府。上之可以比先王，下之可以訓後世。雖微楚國，諸侯莫不譽其德。祭典曰：「國君有牛享，大夫有羊饋，士有豚犬之奠，庶人有魚炙之薦。籩豆脯醢，則上下共之。不羞珍異，不陳庶侈，夫子不以其私欲干國之典。」遂不用。注云：「芰，菱也。家臣曰老。建，屈到之子也。」

孔子

《家語》：孔子侍坐於哀公，公賜之桃與黍焉。公曰：「請用之。」孔子先食黍而後食桃。左右皆掩口而笑。公曰：「黍者所以雪桃，非爲食之也。」孔子對曰：「丘知之矣。然夫黍者，五穀之長，郊祀宗廟，以爲上盛。果屬有六，而桃爲下，祭祀不用，不登郊廟。丘聞之：君子以賤雪貴，不聞以貴雪賤。今以五穀之長雪果之下者，是從上雪下。臣以妨於教，害於義，故不敢。」公曰：「善哉。」注：雪，拭也。

李衡

《吳書》：李衡，字叔平，爲丹陽太守。每欲治家，妻習氏輒不聽。後密遣客十人，於武陵龍陽汎洲上作宅，種柑橘千株。臨死敕兒曰：「汝母惡吾治家，故貧如是。然吾州里有千頭木奴，不責汝衣食，歲上一匹絹，亦可足用耳。」衡亡後，兒以白母。母曰：「此當是種柑橘也。汝家失客十户來七八年，必汝父遣爲宅。汝父恒稱太史公言：『江陵千樹橘，可當封侯。』吾答曰：『且人患無德義，不患不富，居貴而能貧，好耳。用此何爲？』」吳末，衡柑橘成，歲得絹數千匹，家道遂殷足矣。

宋就

賈誼《新書》：梁大夫宋就爲邊縣令，與楚鄰界。梁之邊亭與楚之邊亭皆種瓜。梁之邊亭劬力而數灌，其瓜美。楚人窳而稀灌，其瓜惡。楚令因以梁瓜之美，怒其亭瓜之惡也。楚亭人惡梁亭之賢己，因夜往竊搔梁亭之瓜，皆有死焦者。梁亭覺之，因請其尉，亦欲竊往報搔楚亭之瓜。尉以請宋就，就曰：「惡！是何可？是構怨召禍之道也【六】。人惡亦惡，何褊之甚也！我教子：每暮令人往，竊爲楚亭夜善灌其瓜，勿令知也。」於是梁亭乃每夜往竊灌楚亭之瓜。楚亭旦而行，瓜則皆已灌矣。瓜日以美，楚亭怪而察之，乃梁亭也。楚令聞之大悦，具以聞楚王。楚王愁然愧，以意自閔也，告吏曰：「徵搔瓜者，得無有他罪乎？梁之陰讓也。」乃謝以重幣，而請交於梁王。梁、楚之驩，由宋就始。語曰：「轉敗爲功，因禍爲福。」老子謂「以德報怨」之謂乎？

魏武

《世説》：魏武帝姓曹名操，字孟德，小字阿瞞。嘗行軍失汲，三軍皆渴。乃紿曰：「前有梅樹，子繁而酸。」士卒聞之，口皆水出。

李太白

《天寶遺事》：明皇召諸學士宴於便殿，酒酣，顧謂李太白曰：「我朝與太后朝孰愈？」太白曰：「太后之朝，政出多門，國由佞倖，任人之道如小兒市瓜，不擇香味，唯揀

【六】是構怨召禍之道也　「召」原作「分」，據《新書·退讓》改。

肥大者。我朝任人如淘沙取金，剖石采玉，皆得精粹。」明皇笑曰：「學士過有所飾。」

陸納

《晉書》：陸納，字祖言，吴郡人。少有清操，爲吴興太守，不受俸禄。謝安常欲詣納，而納殊無供辦，其兄子俶密爲之具。安既至，納所設唯茶果而已。俶遂陳盛饌，珍羞畢具。客罷，納怒曰：「汝不能光益父叔，乃復移我素業耶！」於是杖之四十。

王戎

晉王戎幼敏慧，與群兒戲，見道傍李甚繁，群兒争往取之，戎獨不去。或問之，曰：「李在道旁而繁，必苦李也。」已而果然。

度索君

魏文帝《列異傳》：袁本初時，有神出河東，號「度索君」，人共立廟。兖州蘇氏母病，往禱，見一人著白布單衣，高冠，冠似魚頭。度索君曰：「昔廬山共食白李，已三千年。日月易得，使人悵然。」去後，度索君曰：「此南海君也。」

曾子

《孟子·盡心》篇：曾皙嗜羊棗，而曾子不忍食羊棗。公孫丑問曰：「膾炙與羊棗孰美？」孟子曰：「膾炙哉！」公孫丑曰：「然則曾子何爲食膾炙，而不食羊棗？」曰：「膾炙所同也，羊棗所獨也。諱名不諱姓，姓所同也，名所獨也。」

王吉

《漢書》：王吉少好學，居長安。東家有棗樹垂吉庭中，吉婦取而啖之，吉知，乃去其婦。東家聞，欲伐其樹，鄰里共止之，乃已。

狙公

《莊子》云：狙公賦芧曰：「朝三而莫四。」衆狙皆怒。曰：「然則朝四而莫三？」衆狙皆悦。名實未虧，而喜怒爲用。

張騫

《博物志》：張騫使西域還，得安石榴、胡桃及蒲萄，移植中國。

邵平

漢邵平不仕，種瓜於長安青門外東陵，時人謂之「邵侯瓜」。

莊子

莊子曰：朽瓜化爲魚，物之變也。

楊妃

唐明皇愛幸楊貴妃，貴妃好食荔支，荔支出川蜀及閩中，去京師地遠。而《荔支譜》云：「一日色變，二日香變，三日味變。」於是每荔支熟時，置驛以貢。貢其未變而得進御也。故杜牧之詩云：「長安回望繡成堆，萬户千門次第開。一騎紅塵妃子笑，無人知道荔支來。」見郭思《秦中記》。

西王母

《漢武内傳》：西王母以七月七日降帝宫，命侍女索桃。須臾以玉盤盛桃七枚，大如鴨卵，形圓色青，侍女捧以進于王母。王母以五枚與帝，自食二枚。帝食而留其核。母曰：「用此何？」帝曰：「欲種之。」母笑曰：「此桃三千年一實，非下土所植也。」

劉阮

《續齊諧》：漢明帝永安十五年中，剡縣有劉晨、阮肇二人天台山采藥，迷失道路，糧食乏盡，望見山頭有一桃樹，共取食之，如覺輕健。下山得澗水飲之，遂各澡浴。見有蔓菁菜從山腹出，又有一杯流出，中有胡麻飯屑。二人相謂曰：「去人不遠。」因過水行里許，又度一山，出一大谿，見二女人，顔容絶妙，呼劉、阮姓名曰：「郎等何來之晚也？」因邀過其居。堂宇服用，無不精嚴。左右侍者，悉皆端麗。設酒食，須臾又有三五仙客，將桃五七枚來，云：「共慶新郎也。」劉、阮駐者半月，求還家。女留之曰：「今來此皆是宿福，當且留此。」於是遂住。以日月詩之約半年，其中天氣，恒如二三月時。又求歸甚切，女曰：「罪根未滅，使君苦如此爾。」劉、阮從山洞口去不遠，至大道還鄉，并不見舊人。詢訪宗族，得七代子孫。二人驚悟，却還山，竟尋舊跡不獲，後二公亦不知所終云。

鑽核

《摭言》：唐有人種李，而其實甘美異常，每以饋遺或賣，必鑽其核，恐移種也。

四皓

《摭遺》：唐有人中庭有橘，或取摘之，餘葉間猶有一大橘，主人遂自取之。手至未摘，其橘皮自裂。橘中有四老人相對弈棋，一老曰：「橘中之樂，不減商山。」遂俱不見。

齊戍

《左傳》：齊使連稱、管至父戍邊，謂之曰：「瓜時而往，及瓜而代。」及期求代，不許。二人遂謀弑君。

老子

老子，苦縣人。其母娠者七十二年。一日庭下攀李樹，從左腋而生老子，生即須髮皓白。指李樹曰：「此吾姓也。」遂姓李氏。

贊曰：果實之味，非甘即酸。土木之性，惟斯兩端。
荔支之毒，菱芡之寒。各以所處，隨而變遷。
棗栗榛橡，有功歉年。新斯薦廟，罔敢弗虔。

花竹木植篇第九十九

袁保兒

《南部煙花録》：隋煬帝時，宫女有袁保兒者，顔色端麗，然頗有憨態。海中長洲進花一枝，香氣異常，著人衣袂，經月香不減。其花年餘不萎謝，顔色如新。帝每御輦，使保兒持此花以侍，號曰「司花女」。一日在便殿，命虞世南草詔。保兒定目視世南，帝曰：「汝不識此人耶？」於是使世南嘲之。世南嘲之，應制爲一絶以進，曰：「學畫蛾兒半未成，垂肩嚲袖太憨生。緣憨却得君王寵，長把花枝傍輦行。」帝大悦。

鬼仙

唐西川蜀州太守衙後園有紅梅六樹，正月間花正開。時旁有小閣，居常封鑰之。守園老吏忽見數婦人在閣上，憑欄賞紅梅花，笑語甚懽。吏意其太守家人，引避。久之不聞人聲，往視之，閣之封署如故，塵埃宛然。吏驚，以告太守。使開而登閣上，則杳無人跡。於壁間見題字，墨跡猶濕，乃一絶句也。曰：「南枝向暖北枝寒，一種春風有兩般。憑杖高樓莫吹笛，大家留取倚欄杆。」識者云：「此必鬼仙也。」載於《拾遺》。

寇萊公

宋寇萊公，下邽人。爲相不慎密，爲人告其出不軌之言，貶爲雷州司户。過庾嶺，嶺上有神祠，往來人甚神靈之。萊公至其下，遂取折竹一枝插於祠前，誓之曰：「若寇準不負朝廷，此竹當活。」後果活，至生筍成林。後人號曰「萊公竹」。

梅聖俞

《歸田録》：梅聖俞，宣州人。知名以詩，晚年與修《唐書》，書成未奏而卒，士論惜之。其初受敕修《唐書》也，謂其妻刁氏曰：「吾之修書，可謂胡孫入布袋。」其妻應聲曰：「君於仕宦，何異鮎魚上竹竿。」聞者皆以爲善對。

湘妃

《博物志》：舜死，二妃淚下，染竹即斑。妃死爲湘水神，竹號「湘妃竹」。

謝靈運

謝靈運《晉書》云：元康二年春二月，巴西界竹生花，紫色，結實如麥。

羅浮山

《羅浮山記》曰：筇竹本出西域，張騫西至大夏所見也。而此山左右時有之，鄉老多以爲杖。

史記

《史記》曰：渭川千畝竹，其人與千户侯等。

韓退之

唐韓退之詩云：「太華峰頭玉井蓮，開花十丈藕如椽。冷比雪霜甘比蜜，一片入口沈痾痊。」

王者德

《徵祥記》曰：王者德至於天，和氣感而甘露降。尊賢容衆，則竹葦受之也。

偓佺

劉向《神仙傳》曰：偓佺好食松實，能飛行，如奔馬。以松子遺堯，堯不能服。

萬儲

謝承《後漢書》：萬儲，字聖明，歙人也。除郎中，遭母喪，棄官行禮【七】，負土成墳，種松柏千株，鸞鳳棲其上，白兔遊其下。

東方朔

漢武帝閑居，鵲鳴，新雨止。朔執戟殿下，上呼問之，曰：「殿後柏樹上有鵲，立枯株枝上，東向而鳴。」果然。

莊子

莊子名周，《逍遥遊》篇云：楚之南有冥靈者，以五百歲爲春，五百歲爲秋。上古有大椿者，以八千歲爲春，八千歲爲秋。又《山木》篇云：莊子行於山中，見大木枝葉

【七】棄官行禮　「棄」原作「與」，據《初學記》卷二八改。

茂盛，伐木者止其旁而不求也。問其故，曰：「無所可用。」莊子曰：「此木以不材得終其天年。」出山，舍於故人之家。故人命豎子殺雁而烹之。豎子請曰：「其一能鳴，其一不能鳴，請奚殺？」主人曰：「殺不能鳴者。」明日弟子問曰：「昨日山中之木，以不材得終其天年；今主人之雁，以不材死。先生將何處？」莊子笑曰：「周將處材與不材之間。」

莊周

曰：鵷雛發於南海，飛于北海，非梧桐不棲，非竹實不食。

陶淵明

晉陶淵明，柴桑人。門栽五柳，自號「五柳先生」。解官歸，作《五柳傳》。

孟子

《告子上》篇云：牛山之木嘗美矣，以其郊於大國也，斧斤伐之，可以爲美乎？是其日夜之所息，雨露之所潤，非無萌蘖之生焉，牛羊又從而牧之，是以若彼濯濯也。人見其濯濯也，以爲未嘗有才焉，此豈山之性也哉？

贊曰：奇花異卉，在處有焉。土性秀發，何必丹延。
昔稱西洛，棋布名園。功參造化，妙□先天。
巨材脩竹，喬岳渭川。棟梁籧綆，比用才賢。

禽獸蟲魚篇第一百

莊子

《逍遥遊》篇曰：北冥有魚，其名爲鯤。鯤之大，不知其幾千里也。化而爲鳥，其名爲鵬。鵬之背，不知其幾千里也。怒而飛，翼若垂天之雲。海運則將徙於南冥也【八】。水擊三千里，搏扶摇而上者九萬里，去以六月息者也。

詩疏

《孔演圖》曰：「鳳，火精也，雄曰鳳，雌曰皇，雛曰鸞。」《詩疏》曰：「鳳非梧桐不棲，非竹實不食。鳳有六像：一曰頭像天，二曰目像日，三曰背像月，四曰翼像風，五曰足像地，六曰尾像緯。」許慎《説文》曰：「鳳，麟前鹿後，蛇頸魚尾，龍文龜背，鷰頷雞喙，五色備舉，出東方君子之國，見則天下安寧。」

相鶴

《相鶴經》云：鶴者，陽鳥也，而遊於陰，因金氣依火精以自養。金數九，火數七，故七年小變，十六年大變，百六十年變止，千六百年形定。體尚潔，其色白。聲聞天，故頭赤。食於水，故其喙長。軒於前，故後指短。棲於陸，故足高而尾彫【九】。翔於雲，故毛豐而肉疏。大喉以吐故，修頸以納新，故生天壽不可量。所以體無青黄二色者，木土之氣

【八】海運則將徙於南冥也　「運則」二字原缺，據《莊子・逍遥遊》補。

【九】故足高而尾彫　「尾」字原缺，據《初學記》卷三〇補。

內養，故不表於外。是以行必依洲嶼，止不集林木。蓋羽族之宗長，仙人之騏驥也。飛則一舉千里。

衛懿公

《左傳》：衛懿公好鶴，鶴有乘軒者。

林逋

林逋處士居於錢塘西湖，養一鶴。每入市未歸，或有客至，則鶴飛翔於空中。逋見之，知有客，即歸。

田饒

《韓詩外傳》曰：田饒謂魯哀公曰：「夫雞，平頭戴冠者，文也。足搏距者【一〇】，武也。敵在前敢鬬者，勇也。見食相告者，仁也。守夜不失時者，信也。雖有五德，猶瀹而食之者，何也？其所從來近也。」

左傳

《左傳》曰：古者畜龍，故有豢龍氏、御龍氏。

陶侃

晉陶侃嘗捕魚於澤，得一織梭，歸挂於壁。少頃雷雨，梭化爲龍飛去。

【一〇】足搏距者　「搏」原作「傳」，據《藝文類聚》引《韓詩外傳》改。

三友

《魏志》：華歆、邴原、管寧三人爲友，號爲「一龍」，歆爲龍頭，原爲龍腹，寧爲龍尾。

莊周

曰：朽瓜化爲魚，物之變也。

龍伯

《列子》：龍伯丈人揭竿於東海上，一釣而連六鼇。海中每三鼇共戴一仙山，自爲龍伯所釣之後，方輿、員嶠二山遂没於海底，群仙遂無所居，訴於上帝。帝怒，侵小龍伯。國之人至今止長五十里【一一】。

孔鯉

《家語》：孔子娶于宋，一歲而生孔鯉。鯉生，而昭公以鯉魚賜孔子。榮君之賜，因以魚名鯉，字伯魚。

公牛哀

《淮南子》云：公牛哀病七日，化爲虎。其兄往視之，則搏而食之。故文章成獸，爪牙移易，志與心變，神與形化。

楊崇義

《天寶遺事》：長安城中富民楊崇義，妻劉氏有國色，與鄰兒李弇通，遂謀害崇義。

【一一】國之人至今止長五十里　按《列子》原文無此。

一日崇義醉臥，劉與弇殺之，埋枯井中。其妾輩無所覺，唯有一鸚鵡在堂前架上。劉遂陳言其夫不歸，慮爲鄉里知其情，劉氏遂自訴于官。官亦未之所考，時人亦莫究其弊。縣官再詣崇義家檢校，而鸚鵡忽聲屈曰：「殺家主者，劉氏、李弇也。」遂捕付獄，備伏情款。事奏明皇，歎訝久之。劉氏、李弇棄市，封鸚鵡爲緑衣使者，付後宫宫人養之。張説舍人撰《緑衣使者傳》，好事者傳之甚著。

裴耀卿

《天寶遺事》：裴耀卿勤於王事，夜看案牘，晝決獄訟。常養一雀，每夜至初更時有聲，至五更則急鳴，耀卿目爲「知更雀」云。

高太素

《摭遺》：商山隱士高太素，累徵不起。山中構道院二十餘間，太素處清心亭，亭下皆茂林秀竹，奇花異卉。每至一時，即有一猿詣亭下，鞠躬而啼，不易其候，太素因目爲「報時猿」。時人多師事太素。

晉惠帝

在華林園聞蝦蟆，問左右曰：「此蝦蟆屬官乎？屬私乎？」賈胤對曰：「在官地者屬官，在私地者屬私。」

禮記

《月令》曰：「季夏之月，腐草化爲螢。」又曰：「鸚鵡能言，不離飛鳥。猩猩能言，不離禽獸。」

楚王

《震澤事苑》云：楚王畋於震澤，遇群鹿，約千餘。王令諸軍張兩翼驅群鹿，入一大谷中。谷無他道，王將令弓弩并發，期盡殪之。忽一大鹿突圍而走，至王前，跪而人言曰：「我鹿王也，今者與其族類盡困於此谷中，大王如盡取之，則我之族滅絶無有遺類矣。我願大王憫而釋之，願自今日日獻一鹿，則大王可長享，而我等不至殲絶也。」王異之，遂命諸將開道縱之。大鹿遂跳躍而往，鳴以呼其群整行而出，入大山去。自是日有一死鹿置王所獵處，僅三年，王崩遂止。山旁人奇其事，爲立廟，號爲「鹿王廟」。此説與《青瑣》所載稍不同，兩存之。

尚書

《旅獒第七》：西旅獻獒，太保作《旅獒》。旅獒惟克商，遂通道於九夷八蠻，西旅厎貢厥獒。注：西戎之長致貢其獒。犬高四尺曰獒，以大爲異。

褒姒

《史記》：夏之世有龍鬭于宮庭，而遺其漦，收之于匱中。至周幽王時開之，其漦流出，化爲黿，走于後宫，觸宫中女子。既而女子有娠，以其不夫而娠，流于褒中，遂生褒姒。

王師中

《唐宋摭遺别録》：王師中知登州，一日大風異常，呼州之父老問之云：「此何祥也？」父老曰：「海中有魚，最大者曰『海䲡』。將過此，則必先有大風，此幾是也。」師中曰：「苟果爾，當其欲到時，幸見報，與父老共觀之。」翌日父老云：「海䲡且至矣。」邀師中至蓬萊閣候之。須臾魚至，不見其首，但其脊如山出水上，隱隱自北而南，經二日始見其尾。莊子云「未有知其脩者」，此之謂與？

周噩

《録異記》：唐周噩，字子明，夏陽人。常夜行嵩少間，忽望見前林麓間光彩晃耀。近之，稍覺寒氣逼人。行至林間，則去道數十步外見一大蝦蟆，如數十間屋，光出其身之四周。噩意其必是月中物也，大駭，奔走出林，迴視之不見矣。

列子

《列子》云：有人山行而逢鹿，掊而斃之，力不能舉，埋之道邊，以蕉葉覆之。歸途恐忘之，遂詠其事。時有從後聞之者，遂以其語求之，得鹿，潛取以去。其人至家，將刀繩之屬復來取鹿，至其處則無有也，於是自疑以爲夢。

崆峒

《倦遊録》：平凉崆峒山，乃廣成子修道之山。絶壁有石穴，謂之「皂鶴洞」，鶴頂如丹，毛羽皆黑，日照之，金色粲然，故其下有金衣亭，歲不過一二出。今其地乃爲僧徒所據，鶴或見，則僧必有死亡、反初者【一二】。

河豚

《倦遊録》云：河豚魚有大毒，肝與卵人食之必死。每至暮春柳花飛，此魚大肥。江淮人以爲時珍，更相贈遺云云。

贊曰：鯤鵬之大，斥鷃之微。鳳皇鴞鵬，因地因時。
貴安其分，隱見從宜。昆蟲鱗介，各以類推。
或潛或躍，孰是孰非。以資口腹，聖仁所嘻。

【一二】則僧必有死亡反初者　「有死亡反初者」原作「闕有闕或反」，據《續墨客揮犀》改。

輯佚

卷第四　清吏篇第二十一

胡威

爲晉陽太守，初乘一牛，牛産一犢。罷郡時謂百姓曰：「此犢當地所生，非吾之牛。」即留之。後漢人。

卷第五　隱逸篇第二十七

夏統按此條爲「夏統」條後半

自詣洛陽市藥，洛中王公已下并至統所。統在船中曝藥，男女爲之不前。賈充怪而問之曰：「卿能隨水戲乎？」統曰：「操柂正櫓，折旋中流，風波振駭，雲霧杳冥者，我之戲處也。」充曰：「卿當作土地間曲。」統曰：「吾先公惟寓稽山，朝會萬國，百姓感詠而作歌。又孝女曹娥，其父墮江，不得屍，娥便自投水中，國人哀之，爲歌『河女』之章。又國人因伍子胥忠烈，爲作『小海歌』。」言訖，統以足扣船，引聲喉囀。大風至，雲霧集。充來觀，統危坐如故。充曰：「此人是木人石心也。」統歸會稽，竟不知所終。

郭文

字文舉，軹人也。愛山水，著鹿裘葛巾。嘗有猛獸張口向文，文視其口中有横骨，乃探去之，後致一鹿於室前。於臨安中山病甚，臨安令問之，曰：「吾限日而死也。」文三舉手，後果以十五日終。

孟陋

字少孤，武昌人。兄嘉，桓温征西長史。孟陋清操絶倫，未曾交遊。或謂温曰：「孟陋高行，學爲儒宗。宜引在府，以和鼎味。」温曰：「會稽王尚不能屈，非敢擬議也。」

翟湯

字道淵，尋陽人。子莊常水邊捕魚，不獵。翟湯其人善權度。人或問曰：「漁與獵同爲殺生害命之道，唯漁而不獵者，何也？」子莊曰：「獵時實無不殺者。捕魚者執鉤，故自來也。我宿草室，啜菽飲水。」

郭翻

字長翔，武昌人。有志操。乘小船，隱於村後。

辛謐

字叔重，狄道人。謐曰：「許由辭堯以天下讓之。伯夷去國，子推逃賞。物極則變，冬夏是也；致高則危，累棊是也。」是以不食而卒。時人以爲高才。

張忠

字巨和，中山人也，隱於泰山。苻堅徵之，輕車肥馬而心不動，及至京師而還。行達華山，歎曰：「我東嶽道士，今没於西嶽！」及關而死。

宋纖

字令艾，敦煌人，隱居於酒泉。南山太守馬岌造焉，不見，因歎曰：「吾知先生人中龍也。」遂銘於石壁曰：「丹崖百丈，青壁萬尋。其人如玉，維國之琛。室邇人遐，實勞我心。」

郭瑀

字元瑜，敦煌人。少有超俗之操，隱於臨松薤谷。張天錫遣孟公明徵之，瑀指空中翔鴻以示之曰：「此鳥安可籠哉？」遂深逃絶迹。

謝敷

字慶緒，會稽人也，隱居太平山中。爾時月犯少微，少微一名處士星，占者以隱士當之。其時隱士戴逵有美才，人或憂之，俄而敷死。

戴逵

字安道，譙國人。博學，善屬文，能鼓琴。武陵王晞徵之，戴安道不爲王門伶人。復論曰：「今時人不求其本，故有捐本徇末之弊，捨實逐聲之行，徒貴貌似而已矣。」

卷第五　方術篇第二十八

劉根

潁川人也，能令人見鬼，隱居嵩山中。後漢潁川太守史祈聞之，以爲妖妄，乃收執詣郡。祈曰：「汝有何術，而誣惑百姓？」根曰：「吾能令人見鬼。」根於是前招而笑。有頃，祈之亡父母皆反縛在前。鬼叱祈曰：「汝爲人子，不能有益先人，如何累辱亡靈？」復謂祈曰：「何不速從劉先生謝罪？」祈悲泣頓首，從根謝罪。忽然，劉根與鬼俱去，不知所在。

薊子訓

不知所由來也。嘗抱鄰家嬰兒出外，失手墮地而死。父母埋藏之。後日，子訓竊發兒活之，抱歸焉。父母初時不信，至死兒處視之，見已無，然後知子訓之仙術也。

樊英

字季齊，南陽人也。漢順帝坐於宮中，賜樊英酒，英取酒，西向漱之。帝問其故，答曰：「蜀地火起，故救之。」帝使人往視之，果然百家火盛，有雲從東北起，雨酒，火遂得滅。帝乃信。英與欒巴同也。

趙炳

東陽人。嘗出郊行道中，與一摯友相遇。遂轉水爲酌，削樹爲脯，皆醉飽。又復行，臨水，尋船不得，故張帷蓋，坐水面上，驅風而濟。復次誦枯樹之咒，即令花葉同時而生。事出《後漢書》。

左慈

字元放，廬江人也。有神道，安步則馬不能及。曹操以爲妖妄而惡之，令捕而殺之。後以草縛身，不見其形。

趙達

吴主孫權時人也。隻箸以算，無事不知。與魏文帝曹丕争，至臨江而疑之。達乃算曰：「丕敗走，吴庚子年滅也。」孫權曰：「算年幾何？」達曰：「五十八年。」權曰：「今事非僅此也，慮後世子孫也。」達復客於友人舍，友謙曰：「無美酒佳餚以奉。」達因取隻箸劃地而算，謂友曰：「卿座下有酒一斛，北壁又有彘肩，何謂無美酒佳肴？」友笑曰：「知卿善射，欲相試耳，非吝佳肴也。」遂出酒酣飲。

張孫僅存小目

費長房僅存小目

陳訓僅存小目

淳于智僅存小目

隗炤僅存小目

卜珝僅存小目

鮑靚僅存小目

吴猛僅存小目

佛圖澄僅存小目

麻襦僅存小目

卷第六　貞潔篇第三十二

秋胡妻

魯人。秋胡納之五日，去而官於陳，五年乃持金以歸。去家數里，見路傍婦人採桑，秋胡謂之曰：「吾行道遠饑渴，願託桑陰下一餐焉。」婦人不答。胡又謂曰：「力田不如逢豐年，力桑不如見國卿。」婦人答曰：「樹桑育蠶，紡績織衽衣之，奉養二親，金何以爲？」胡至家，奉金遺母。母使人唤婦，至，胡見之，乃向採桑者也。婦謂胡曰：「子往仕五年，得金而歸，理當養母，今乃悦路傍婦人，欲行淫佚，以金予之。忘母，不孝也。子當改娶，妾不願爲子妻也。」遂投水而死。周時人。

劉長卿妻

沛人，桓鸞之女也。生一男，而夫長卿卒，兒年十五時又夭殁。兄姊欲嫁之，長卿妻乃自刑翦其耳，以明不嫁。後漢人。

皇甫規妻

扶風馬融之女也，善屬文，能草書。夫規爲度遼將軍，遷武威太守，有兵略。規卒後，董卓秉政，聞規妻令望，卓遂遣使，以輧輜百乘，奴婢三百，錢帛五千，往聘規妻。屢聘不至，又威之以勞役，規妻乃出惡語駡卓。卓大怒，命縛之，懸軛下，鞭撲交下而殺之。時人號之曰「禮宗」。後漢時人。

息夫人

息君之妻也。時楚伐息，虜息君，使守門。楚王將妻其夫人，夫人不從，乃作詩曰：「穀則異室，死則同穴。有如不信，死如皦日。」遂自殺，息君亦然。周時人。出《列女傳》。

韓憑妻

甚美，宋康王奪之，使憑爲城旦，而欲娶其妻。妻作詩曰：「南山有鳥，北山張羅。鳥自高飛，羅當奈何？」又曰：「豺狼有伴，不樂帝王。魚鱉有水，不樂高堂。鷦鷯有巢，不樂鳳凰。女身賤醜，不樂宋王。」遂自殺。韓憑聞之，亦自殺。宋王怒，葬其屍道旁。後各生一樹，屈體相就，宋人遂號曰「相思樹」。宋時人。出《搜神記》。

馬皇后

將軍馬援之女也。貞潔謙遜，多識禮義。居後宮，袍衣疏粗。帝數往宮中，后拒之曰：「吾不敢承。帝雲雨之恩當遍及六宮，則陰陽調和也。」帝善之。出《後漢書》。

宋弘

字仲子，京兆人也。漢明帝時，弘行清貌美，帝姊湖陽公主新寡，欲以賜弘。弘有前妻，故帝與之言而微觀其色，帝引弘至屏風處，謂曰：「『富易友，貴易妻』，人情乎？」弘對曰：「臣聞：『糟糠之妻不下堂，貧賤之知不可忘』。」弘去，帝謂公主曰：「事不諧矣。」出《後漢書》。

王嬪僅存小目

衛共妻

衛伯僖之子共伯之妻也。共伯死，其妻守志不嫁。父母强欲嫁之，妻誓不從，乃作《柏舟》之詩以明其志。

柳下惠

姓展名禽，魯人也。嘗出行，夜宿城門之下，忽一女至，共居一處。是夜苦寒，禽恐女凍殺，乃使坐懷中，以衣覆之至旦，而不行非禮。周時人。出《史記》。

顔叔子

魯人。嘗獨處一室，夜暴風雨至而北室壞，一女至叔子室，叔子納之，執燭而坐。燭盡，抽屋而繼之至旦，終不生貳心。周時人。出《史記》。

卷第六　異識篇第三十八

孔子

出遊，聞哭聲，曰：「此必有生離别者也。」顔淵曰：「何以知之？」子曰：「昔桓山之鳥有四子，及長，將分於四海。其母悲鳴，其聲有似於此。」遂使人問之，曰：「家貧賣子。母子分離，故爾哀哭。」

董仲舒

下帷講誦，有客來，曰：「天欲雨。」仲舒曰：「巢居知風，穴居知雨。卿非狐狸，則是鼷鼠。」客聞色變，遂化爲老狸而去。

劉歆

字子駿，劉向之子也。漢宣帝時開輸屬山，山巖石下得二人，身被桎梏。遂取之，將至長安，變爲石人。宣帝大驚，集群臣問之，皆無對者。歆父向曰：「此二人是黄帝時諂諛國臣，犯於大逆，黄帝不忍誅之，乃枷械其身，貶輸屬山，置深巖山谷之中。若值明王聖主，當得出外。」帝不信，以爲妖言，執向下獄。向子歆至階前曰：「須七歲女子以乳之，則當變。」帝如其言，即變爲人，皆能言。後帝問之，皆如向父子之言。宣帝大悦，拜向爲大中大夫，歆爲宗正卿。帝復問歆曰：「何以知之？」歆曰：「《山海經》言之。」後王莽即位，歆爲國師。歆讀孔子秘記，知光武中興，姓劉名秀，遂改子駿之名爲秀，字穎叔。

卷第九　音樂歌舞篇第五十一

雍門

以琴見孟嘗君，孟嘗君使之撫琴，孟嘗君爲之流淚。復作清角之操，孟嘗君歡悦。雍門能作宫商角徵羽感變人情也。

嵇康

字叔夜，譙國人也，魏初時爲中散大夫。好撫琴，善爲《廣陵散》。

師涓

衛靈公時人也。靈公遊於濮水，夜半聞鼓琴聲。靈公至晉，謂晉平公曰：「師涓聞濮水上樂音，此是師延爲紂所作靡靡之曲。周武王伐紂，師延抱樂器投濮水而死。此乃師延之遺音也，爲淫聲，汝不當聞。」平公不聽，遂使作樂，平公耽之。其年晉國大旱，赤地千里。周景王時人。出太史公《樂書》。

高漸離

齊人，善擊筑，與燕人荆軻爲友。荆軻刺秦王，不中而死。漸離於是毁形改姓，入秦國，於市中擊筑而乞。市人觀之，無不美者，以聞秦王。秦王召漸離於前，令使擊筑。王善之，心猶疑焉，令瞽其兩目，置於帳中，使作樂。秦王耽之，近漸離。漸離望秦王讚嘆之聲，舉筑撞之，中於膝。王怒，遂誅漸離。六國時人。出《燕丹太子本傳》。

蔡邕

字伯喈，陳留人。能和音律，尤善撫琴。宫商角徵羽無不合者。邕曾行泰山，見吴人燒桐木，聞火烈聲，知爲良木，遂取爲琴，果有美聲。其尾猶有火燒焦痕，故名之曰焦尾琴。後漢獻帝時，太師董卓見邕，甚信愛之，封高陽侯。

石崇

字季倫，清河人，晉惠帝時爲侍中，善彈琵琶。出《語林》。

漢高祖

設筵東海沛中，饗故人父老。高祖酒酣，擊筑而歌曰：「大風起兮雲飛揚，威加海内兮返故鄉，安得猛士兮守四方。」令沛兒習唱之。高祖泣曰：「吾雖都關中，萬代之後，魂恒思沛人。」出《高祖本紀》。

田横

六國人也，齊王親近之。秦滅六國，田氏悉爲庶人。漢高祖與項羽争天下，田横乃與五百人居海島上。高祖初都洛陽，遣使者徵横：「若來得封侯，若不來必加誅。」横遂與十騎而來。去洛陽三十里，至户鄉亭，横遂自刎其頭，以付使者。從者哀之，欲哭則不敢，遂便作歌，以託哀聲。今之挽歌起此。出《漢書》。

王敬伯

會稽餘姚人也。常宿渚上小亭中，夜半夜明水清，敬伯鼓琴，感劉惠明亡女之靈。晉時人。出《續齊記》。

李延年

漢武帝李夫人之弟也。善能歌舞，武帝幸之。時人歌曰：「一雌一雄，雙飛入紫宫。」漢武帝遣貳師將軍李廣利伐大宛，得汗血馬，天馬種也。乃作天馬之歌曰：「天馬出西北，由來從東道。春秋非有期，富貴焉可保。」李廣利者，漢武帝李夫人之異母弟也。出《前漢書》。

韓娥

東齊人，鬻歌客驛。驛客聞之，無不出淚者。

項羽

爲漢兵所圍，自知當敗，遂與美人起立歌於帳中。其歌曰：「力拔山兮氣蓋世，時不利兮騅不逝。騅不逝兮可奈何，虞兮虞兮奈若何！」出《漢書·項羽傳》。

呂不韋

陽翟人也。家累千金，商賈於邯鄲。取諸氏女，名曰諸姬，善能舞。時秦昭王子子楚質於趙，見諸姬，心悦之。從不韋索，不韋遂與之，是時已懷妊兩月。及子楚立爲襄王，生始皇，始皇即不韋之子也。出《史記》。

長沙定王

姓劉名發，漢景帝之庶子。故封國最卑。景帝二年，諸侯來朝。帝大作樂，諸王悉舞，其次長沙定王舞，望促蹀蹀而已。帝唤問其故，對曰：「臣國小地狹，不足迴遊。」帝遂以武陵、零陵、桂陽三郡益之。出《前漢書》。

卷第九　壯勇篇第五十二

共工氏

古時諸侯也。與神農争天下，觸不周山。天柱折，地維絶，故天不滿西北，地不滿東南。後女媧煉五色石以補天。

羿奡

夏時人也。懷大力，能陸地乘舟。

古冶子

齊人。齊景公遊於東海，蛟銜公舟。冶子高叫，海水逆流，蛟去。

石番

衛人也。能負砂一千六百斛。

項羽

楚人也。年二十四滅秦，又起兵江東，與漢高祖争天下。項羽一呼，漢兵辟易數十里。後爲漢所滅。出《前漢書》。

典韋

陳留人也。事曹操，爲將軍。能持雙戟以舞，勇冠三軍。時人語曰：「帳下壯士有典君，持一雙戟八十斤。」出《魏志》。

殷紂

懷大力，能索鐵舒鉤，撫梁易柱，步格猛獸，手接飛燕。出太史公《本紀》。

秦武王

愛大力之士，齊人孟賁、任鄙、烏獲之徒并皆歸焉。秦王舉千斤鼎，烏獲見之，兩目血出。孟賁生拔牛角。秦武王舉鼎，絶臏而死。六國時人。

秦惠王

欲伐蜀，道險不通。秦王作五石牛，置於界首，遺金於石牛後，詐云石牛大便出金。蜀王不知是詐，遂遣五丁力士鑿石壓道，牽石牛入蜀。秦王又獻蜀王美女五人。時有大蛇，從山腹而入穴，五女就觀之。五丁力士遂共往拔蛇。山崩，壓殺五女，因名其山曰五婦山。秦王遣兵隨石牛後，因伐滅蜀。出楊雄《蜀王記》。

卷第九　美丈夫篇第五十四

江充

貌美。武帝見之曰：「燕趙多士也」拜爲太守。前漢時人。

卷第十　祥瑞篇第六十一

漢光武

父劉歆，漢哀帝建平二年爲濟陽令。夜生光武，縣南忽然火起昭天，其後生嘉禾。因名光武爲秀，字文叔。出《後漢書》。

（以上據史金波等《類林研究》補）

任翁致神

韋氏子，京兆人，舉進士。嘗納妓於洛，顔色明秀，尤善音律。韋曾令寫杜工部詩，得本甚蠹。妓隨筆補正，後得善本，不差。韋頗惑之。年二十一卒。韋悼痛，爲之羸瘠，棄事而寐，意其夢見。一日家僮有言：「嵩山任處士者，得返魂之術。」韋召而求之。任擇日齋戒，除一室，舒帷於壁，焚香，仍須一經身衣，以導其魂。韋搜衣笥，盡施僧矣，唯餘一金縷裙。任曰：「事濟矣。」韋潔服斂吸，一稟其誨。是夜萬籟俱止，河漢澄明。任忽長嘯，持裙面帷而招，如是者三。忽聞吁歎之聲。俄頃，映帷微出，斜睨而立，幽芳怨態，若不自勝。韋驚起泣。任曰：「無哭，恐迫以致倏回。」生强忍淚揖之，無異平生。或與之言，頓首而已。燭燼及期，欲逼之，紛然而滅，生乃捧帷長慟。任曰：「漚珠槿艷，不必置懷。」韋欲酬之，不顧而别。韋賦詩曰：「惆悵金泥簇蝶裙，春來猶見伴行雲。不教布施剛留得，渾似知逢李少君。」自後眠食不安，恍惚若有所失，久而方愈。

（以上據《永樂大典》卷二一九四八補）

附録

自序

傳記百家之學，率皆有補於時。然多散漫不倫，難於統紀。故前賢有區別而爲書，號曰《類林》者，其來尚矣，惜乎次第失序，門類不備。予因暇日，輒爲增廣，第其次叙，將舊篇章之中，添入事實者加倍；又復增益至一百門，逐篇裨之以贊，爲十五卷。較之舊書，多至三倍。若夫人君之聖智聰明，臣子之忠貞節義，父子兄弟之孝慈友愛，將相之權謀大體，卿士之廉潔果斷，隱遁之潛德幽光，文章之麗藻清新，風俗之好尚，陰德之報應，酒醴之耽沈，恩怨之報施，形軀之長短，容貌之美惡，男子之任俠剛方，婦人之妍醜賢慝，神仙之清修，鬼神之情狀，宫室之華靡，屋宇之卑崇，天地之運移，日星之行度，山海之靈潤，醫筮之精專，草木之奇秀，金玉之精良，蠻夷之頑獷，禽魚之巨細，凡六合之内所有，無不概舉。雖不敢謂之知所未知，亦可謂之具體而微矣。其於善者不敢加於褒飾，惡者不敢遂有貶斥，姑取其本所出處，芟其繁，節其要而已。覽者味其雅正則可以爲法，視其悖戾則可以爲戒，豈止資談柄而詫多聞，不爲無可取也。鄉人李子文一見曰：「專門之學，不可旁及，至如此書，無施不可。好學通變之士之所願見，我爲君刊鏤，以廣其傳，如何？」予謹應之曰：「諾。」於是舉以畀之，并爲之序。時大定己酉歲夏晦，平陽王朋壽魯老序。

（《嘉業堂叢書》本卷首）

周穆題識

《類林》一册，共七十三頁。沈民則、王仲山先生舊藏。壬子秋，予得之同里黄氏。内缺五葉，假雅廉兄藏本補足之。置諸篋中，已十七年矣。人事升沈，如煙雲萬變，莫可名狀。余亦奔走四方，計此十七載，所遊不下二萬餘里。一官羈絆，進退維艱。暮鼓曉鐘，誰爲覺者？今春得告假歸田，以守此於荒庭老屋間，展閲三復，可爲一慨，亦可爲一笑也。時崇禎己巳孟夏中瀚，稼墨氏周穆識。

（《嘉業堂叢書》本卷尾）

毛晉題識

崇禎庚午秋九月，虞山毛晉借觀一過。

（《嘉業堂叢書》本卷尾）

孫士鎔題識

崇禎五年春日，吴郡孫士鎔得于武陵書棚。子孫寶藏之。

（《嘉業堂叢書》本卷尾）

趙思蘇題識

康熙元年秋，趙思蘇在愛古書棚購得。仲冬日，重裝因誌。

（《嘉業堂叢書》本卷尾）

林佶題識

類書以《北堂書鈔》《藝文類聚》稱首，若《太平御覽》等，卷帙浩繁，學者每以不便繙閲爲恨。此《類林》一册，爲大定間王朋壽所增廣者。徵引博洽，裁取精細，所采事實，甚有他書不經見者，信考證家之秘笈也。噫，古書散佚殆盡，得如是舊本讀之，亦可資眼福矣。康熙甲午仲春，鹿原林佶讀畢漫記。

（《嘉業堂叢書》本卷尾）

黃丕烈題識

《類林》一書，見諸《讀書敏求記·類家》。郡中小讀書堆有此書，却未寓目。近年小讀書堆散出，聞爲琴川張月霄所有。月霄鋭意搜訪金人書籍，得此詫爲珍秘。此余聞諸月霄友人何夢華者。兹春初，昭文同年張子和之孫伯元以此書寄余，屬爲題跋，余頗疑之。述古原物，當是元人舊鈔，月霄所得未知述古物否。若伯元所示者，斷非元人所鈔。不知顛末，未敢下筆。因遺力專書詢之，覆云係書友王姓所售，據云爲吾鄉席氏舊藏。月霄藏本係吴方山故物，行款與之同，唯缺處稍異耳。余方恍然於書之留傳于世者，正無盡藏也。《類林》世不多見，今月霄得諸郡城，而伯元得諸本邑席氏之説未可憑。末有孫從添一印，則故藏書家也。此鈔雖屬甚舊，然就伯元借校于月霄本言之，知二本同出一源矣。海禺素稱古籍淵藪，又得後之好古者尋其墜緒，繼其流風，安見二古之盛不再見於今日邪？因書數語而歸之。道光元年元夕前一日，專力趁夜航歸，即爲識之。宋廛一翁。

（《嘉業堂叢書》本卷尾）

張蓉鏡題識

類書盛於六朝，其時風尚隸事，學者博觀群書，每自輯一編，以便采取，昔人所謂

「百貨聚處」也。近世古籍散亡，若《華林遍略》《長洲玉鑑》等書，久已無傳。《北堂書鈔》等之傳於世者，又爲後人增改攙亂，廬山真面目不可得見矣。《類林》十五卷，金大定間平陽王朋壽取舊録，增廣至一百門。某篇各繫以贊，遺文舊典，紀載繁富，不獨《敏求記》所舉「眉間尺」一事也。按《新唐書·藝文志》云：「于立政《類林》十卷。」《崇文總目》同《中興書目》云：「唐于立政《類林》十卷，分五十目，記古人事迹。」觀此，則朋壽此書，實以于氏爲藍本。原書十卷，此十五卷。序稱「多至三倍」，蓋實多至三分之一耳。《讀書敏求記》云「大定未知存否」，則遵王時所見已屬鈔本。近代藏書家無著録者。予於戊寅歲得此於書友王姓，爲吾鄉席氏舊藏。古香可挹，觸手如新，不獨奇文秘籍，足誌欣幸，即周稼墨、林吉人跋語，亦可寶貴也。卷首有王氏子裕方印，係明王仲山先生正字。下「西室」二字，則王禄之别字也。吴原博、沈民則俱有印記。首行邊有「華補庵藏」長方印，是册曾入錫山華氏。華氏所藏奇籍，幾於充棟，曾刻《真賞齋法帖》行世，其鑒别不在項氏下。觀此，則是書在前朝已爲世重。入我朝，爲孫慶增購得。慶增即著《藏書紀要》者。册面有「遐寄齋散逸」五字。遐寄爲蔣郁文從氏齋名，陸敕先素與之交，故得借閲也。毛子晉又從周氏借閲一過。數百年來，輾轉還瓻，毫無所損，抑足爲是書幸矣。己卯冬，家月霄先生過我。齋頭見之，詫爲奇異。據云近在小讀書堆得一册，係吴方山故物，行款與之同。余聞之欣喜欲狂，遂假歸，手自校勘，知二本同出一源。想當時必有大定刊本，好古者俱從之影寫耳。今年春，郵寄士禮居主人，乞爲題識。主人擊節歎賞，意欲留諸案頭。余不能割愛，遂録副本以贈，而以原本留諸篋中，重加裝訂，漫記數言於末，俾吾張氏世世子孫永寶之。道光元年臘月海虞張蓉鏡芙川氏識。

（《嘉業堂叢書》本卷尾）

劉承幹跋

右《增廣分門類林雜説》十五卷，金平陽王朋壽魯叟本唐于立政《類林》作也。于氏《類林》爲卷十，此廣爲十五；爲門五十，此廣爲一百。魯叟自序云「較之舊書多至三倍」，實則增廣三分之一耳。于氏《類林》僅見於《唐藝文志》《崇文總目》《中興書目》，并爲十卷，而其書久佚，四庫亦未著録。得魯叟是編，猶可迹其崖略。唯其所記時代，多無次序。昔香山作《六帖》，以陶家瓶數十，各標門目，爲七層架排列之，命諸生依類采集投瓶中，倒取鈔録成書，故所記時代多無次序。魯叟殆亦用香山之法與？其每類所引之人，有再見、三見者，如《權智》篇既有曹操，又有曹瞞，陳平且三見；《醫藥》篇既有郭王，又有郭太醫；《文章》篇既有劉安，又有淮南王；《攻書》篇既有王右軍，又有王羲之；《花竹木植》《禽獸蟲魚》二篇，既有莊子，又有莊周。凡若是者，皆當合而爲一也。且其所歸之類，亦間有未安者。如費仲，紂之幸臣，而入《忠諫》；許劭有知人之鑒，非善相人也，而入《相徵》；華歆既與管寧割席矣，而入《仁友》；孫叔敖埋蛇，當入《感應》，而入《祥瑞》；《舟車》篇陳季卿當入《神仙》，盧充當入《鬼神》；《硯紙》篇之淳于生當入《占夢》；《金銀》篇之孫綽當入《文章》；《花竹木植》篇之鬼仙當入《鬼神》。此其排比之偶有未覈也。又所引之文，往往與今書有異。如《列子》之「爰旌目」作「袁精目」，《左傳》之「鉏麑」作「鋤倪」，《戰國》之「任痤」作「任座」，漢之「張綱」作「張剛」，「寧成」作「寧誠」，「許劭」作「許邵」，「樓護」作「婁護」，「樓煩」作「婁煩」，黄鶴樓酤酒之「辛氏」并作「幸清」，《吏》篇張堪下「樂不可支」作「不可及之」。凡斯異文，其魯叟輯録時寫官之誤？抑亦所見本有異於今行者邪？是編亦罕傳本，且所采多宋以前舊籍，故錢遵王、毛子晉、黄蕘圃、張月霄皆矜異之。予從書估段鏡軒得此舊鈔，遂壽之木，俾世之好古如錢、毛、黄、張諸老者得快所未睹焉。歲在庚申孟冬之月，吴興劉承幹跋。

（《嘉業堂叢書》本卷尾）

宗舜年題識

余所藏景金大定本《類林》，亦從愛日精廬傳録者。近歲劉翰怡京卿又得一副本，余力不能刻，而翰怡刻之。乃知芙川寫書之勤，嘉惠來者，功至鉅也。壬戌閏夏，正闇來虞山，攜舊鈔名校多種見示，暢觀記此。舜年。

（鄧邦述《群碧樓善本書録》卷五《籀史》條引，上海古籍出版社二〇一四年整理本）

黄虞稷《千頃堂書目》提要

《類林雜説》十五卷，楊士奇《文籍志》云明初人所編。

（黄虞稷《千頃堂書目》卷一五，文淵閣四庫本）

錢曾《讀書敏求記》提要

《類林》十五卷。《類林》亡來已久。此爲平陽王朋壽增廣者。于舊篇章之中，添入事實，第其次叙，增益至一百門。篇後有贊，如「眉間尺」事，他書未詳，此記之甚悉，尚是元人舊鈔。大定己酉李子文鏤板刊行者，未知其本今有存焉否也。

（錢曾《錢遵王讀書敏求記校證》卷三之下，民國長洲章氏刊本）

瞿鏞《鐵琴銅劍樓藏書目録》提要

《重刊增廣分門類林雜説》十五卷，舊鈔本。金王朋壽編并序。朋壽字魯老，平陽人，事迹未詳。是書即唐于立政《類林》而增益之。案于氏書見《玉海》，目分五十，此則廣至百門。起《孝行》，止《禽獸蟲魚》，每門繫以贊語。其徵引之書，史部爲多。有今已亡佚者如《東觀漢紀》、謝承《後漢書》、司馬彪《續漢書》、蕭廣濟《孝子傳》、《陳留風俗傳》、《會稽典録》、《洛陽宫殿簿》、石虎《鄴中記》之類。曾刊於大定間，明人依其式以鈔者。舊爲吴方山藏書。卷末有姑蘇吴岫家藏朱記。

（瞿鏞《鐵琴銅劍樓藏書目録》卷一七子部五，清光緒常熟瞿氏家塾刻本）

張金吾《愛日精廬藏書志》提要

《重刊增廣分門類林雜説》十五卷，舊抄本，吴方山藏書。金平陽王朋壽編。分一百門，始《孝行》，終《禽獸蟲魚》，每門各繫以贊。其自序曰「傳記百家之學散漫不倫，難於統紀。前賢有區别而爲書，號曰《類林》者，其來尚矣。惜次第失序，門類不備。予因暇日，輒爲增廣，較之舊書，多至三倍」云云。案《新唐書·藝文志》有于立政《類林》十卷，《崇文總目》同。《中興書目》云，唐于立政《類林》十卷，分五十目，記古人事迹。見《玉海》。則朋壽此書或因于氏原本增廣歟？宜其徵引古籍，多有他書所未載者，不僅如《讀書敏求記》所舉「眉間尺」一事也。原書十卷，今本十五卷，序云「多至三倍」者，蓋言三分之中多一分耳。《述古堂書目》云：「王朋壽增補陽休之《類林》十五卷。」案《北齊書·陽休之傳》云，休之著文集三十卷，又撰《幽州人物志》，并行於世。未載其著有《類林》。《隋志》、新舊《唐書志》亦俱無陽休之《類林》，惟《新唐書志》「小説類」有裴子野《類林》三卷，遵王或誤記歟？是書《文淵閣書目》著録，近則久無傳本。此本係吾郡吴方山舊藏，尚是明初人鈔本，中遇「堯」字睿宗諱。皆缺筆。陳君子準藏有金刊本《明秀集注》，「堯」字亦皆缺筆，版式亦略相似，則此本殆從大定刊本影寫歟？

（張金吾《愛日精廬藏書志》卷二六子部，清光緒吴縣靈芬閣集字版校印本）

陸心源《皕宋樓藏書志》提要

《重刊增廣分門類林雜説》十五卷，影寫金刊，吴方山舊藏。金平陽王朋壽編。

（陸心源《皕宋樓藏書志》卷六一子部，清光緒萬卷樓藏本）

楊士奇《東里集·類林》

《類林雜説》十五卷，類書中之瑣屑者，頗有可觀，蓋今人所輯。刻板在北京國子監。

（楊士奇《東里集·東里續集》卷一八，文淵閣四庫本）

葉德輝《書林清話·金時平水刻書之盛》

李子文大定己酉二十九年，當宋淳熙十六年。刻《重刊增廣分門類林雜説》十五卷，見瞿《目》。鈔本，目未詳，吾見原書。

（葉德輝《書林清話》卷四，民國《郎園先生全書》本）